六年生で習う漢字

191字

ページ	
2~5	ア行 胃異遺域宇映延沿恩 カ行 我灰
6~9	拡革閣割株干巻看簡危机
10~13	揮貴疑吸供胸郷勤筋系敬
14~17	警劇激穴券絹権憲源厳己
18~21	呼誤后孝皇紅降鋼刻穀骨
22~25	困 サ行 砂座済裁策冊蚕至私
26~29	姿視詞誌磁射捨尺若樹収
30~33	宗就衆従縦縮熟純処署諸
34~37	除承将傷障蒸針仁垂推寸
38~41	盛聖誠舌宣専泉洗染銭善
42~45	奏窓創装層操蔵臓存尊
46~49	タ行 退宅担探誕段暖値宙忠著
50~53	庁頂腸潮賃痛敵展討党糖
54~57	届 ナ行 難乳認納脳 ハ行 派拝背肺
58~61	俳班晩否批秘俵腹奮並
62~65	陛閉片補暮宝訪亡忘棒
66~69	マ行 枚幕密盟模 ヤ行 訳郵優預幼
70~73	欲翌 ラ行 乱卵覧裏律臨朗論
74~80	六年生のまとめ 1~7

筆順 1 2 3 4 5 まちがえやすいところ…

…まちがえやすい漢字

漢字	読み方	画数	部首	言葉
胃	イ	9画	肉（月） にく	胃液（いえき）・胃（い）ぶくろ
異	イ こと	11画	田 た	異常（いじょう）・異（こと）なる意見（いけん）
遺	イ・（ユイ）	15画	辶 しんにょう	遺産（いさん）・遺書（いしょ）
域	イキ	11画	土 つちへん	区域（くいき）・地域（ちいき）
宇	ウ	6画	宀 うかんむり	宇宙人（うちゅうじん）・宇宙船（うちゅうせん）
映	エイ うつる・うつす （はえる）	9画	日 ひへん	映画（えいが）・映（うつ）し出（だ）す
延	エン のびる・のべる のばす	8画	廴 えんにょう	延期（えんき）・延（の）べ人数（にんずう）
沿	エン そう	8画	氵 さんずい	沿線（えんせん）・国道沿（こくどうぞ）い
恩	オン	10画	心 こころ	恩返（おんがえ）し・恩知（おんし）らず
我	（ガ） われ・（わ）	7画	戈 ほこづくり	我（われ）に返（かえ）る・我（われ）ら
灰	（カイ） はい	6画	火 ひ	火山灰（かざんばい）・灰皿（はいざら）

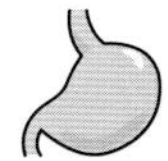

練習

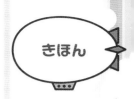

きほん

読んでみましょう

月　　日

1つ5点

10分

／100点

① 会合の日を延（　　）ばす。

② 胃薬（　　）を飲む。

③ 果てしない宇（　　）ちゅう。

④ 湖に山かげが映（　　）る。

⑤ ガラスでできた灰皿（　　）。

⑥ 身近な地域（　　）。

⑦ 川に沿（　　）う道。

⑧ 遠足が延期（　　）になる。

⑨ 異（　　）なる考え方。

⑩ 鉄道の沿線（　　）に住む。

⑪ ふと我（　　）に返る。

⑫ 映画館（　　）に行く。

⑬ 道路が延（　　）びる。

⑭ 灰色（　　）の雲が広がる。

⑮ 親からの遺伝（　　）。

⑯ 命の恩人（　　）。

⑰ 鏡にすがたを映（　　）す。

⑱ 異議（　　）を唱える。

⑲ 川の流域（　　）の町。

⑳ 世界遺産（　　）を守る。

きほん

書いてみましょう

月　日

1つ5点

10分

／100点

① 会合の日を□（の）ばす。

② □□（いぐすり）を飲む。

③ 果てしない□（う）ちゅう。

④ 湖に山かげが□（うつ）る。

⑤ ガラスでできた□□（はいざら）。

⑥ 身近な□□（ちいき）。

⑦ 川に□（そ）う道。

⑧ 遠足が□□（えんき）になる。

⑨ □（こと）なる考え方。

⑩ 鉄道の□□（えんせん）に住む。

⑪ ふと□（われ）に返る。

⑫ □□□（えいがかん）に行く。

⑬ 道路が□（の）びる。

⑭ □□（はいいろ）の雲が広がる。

⑮ 親からの□□（いでん）。

⑯ 命の□□（おんじん）。

⑰ 鏡にすがたを□（うつ）す。

⑱ □□（いぎ）を唱える。

⑲ 川の□□（りゅういき）の町。

⑳ 世界□□（いさん）を守る。

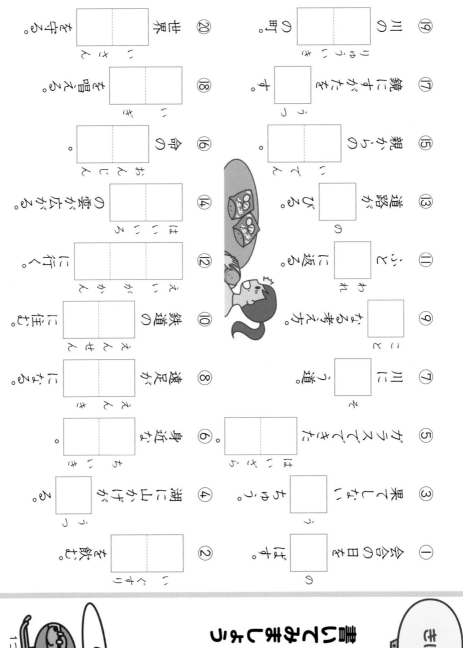

はってん

やってみましょう 1

月　日

10分　／100点

1 ——の漢字の読みがなを書きましょう。　一つ6〔24点〕

(1) 意見が異なる。（　　）
(2) 試合を延長する。（　　）
(3) 遺書を残す。（　　）
(4) 恩返しをする。（　　）

2 □にあてはまる漢字を書きましょう。　一つ7〔28点〕

(1) 池に月が□（うつ）る。
(2) 太平洋の□□（えんがん）。
(3) □（われ）をわすれる。
(4) テレビの□□（えいぞう）。

3 形に気をつけて、□にあてはまる漢字を書きましょう。　一つ6〔24点〕

(1)
- 遊泳禁止の区①□（いき）。
- 村の人口が②□（へ）る。

(2)
- 子犬を①□（そだ）てる。
- ②□（い）カメラの検査。

4 次の画数の漢字を□から選んで、□に書きましょう。　一つ6〔24点〕

(1) 6画 □□
(2) 8画 □□

延　宇　沿　灰

答えは81ページ

筆順 1 2 3 4 5 まちがえやすいところ…

…まちがえやすい漢字

漢字	読み方	画数	部首	言葉
拡	カク	8画	扌 てへん	拡大・拡張
革	カク （かわ）	9画	革 かくのかわ	改革・革新
閣	カク	14画	門 もんがまえ	天守閣・内閣
割	（カツ） わる・わり われる （さく）	12画	刂 りっとう	役割・割合
株	かぶ 	10画	木 きへん	株式会社・切り株
干	カン ほす・（ひる）	3画	干 かん	干潮・梅干し
巻	カン まく・まき	9画	巳（己） わりふ	巻末・取り巻く
看	カン	9画	目 め	看板・看病
簡	カン	18画	竹 たけかんむり	簡潔・簡単
危	キ あぶない （あやうい） （あやぶむ）	6画	巳 わりふ	危険・危ない場所
机	（キ） つくえ 	6画	木 きへん	学習机・勉強机

練習

きほん

読んでみましょう

月　日

10分

1つ5点

／100点

①くす玉を割る。（　）

③木の切り株にすわる。（　）

⑤制度を改革する。（　）

⑦ふとんを干す。（　）

⑨足に包帯を巻く。（　）

⑪本の巻末を見る。（　）

⑬自分の机で勉強する。（　）

⑮店の看板を見る。（　）

⑰コップが割れる。（　）

⑲工事現場は危ない。（　）

②革命が起こる。（　）

④拡大コピーをとる。（　）

⑥しおの干満の差。（　）

⑧絵巻物を見る。（　）

⑩手厚く看病する。（　）

⑫簡単な計算問題。（　）

⑭男女の生徒の割合。（　）

⑯危険なかけ。（　）

⑱道はばを拡張する。（　）

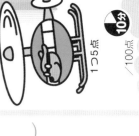

⑳城の天守閣。（　）

きほん

書いてみましょう

月　日

1つ5点

10分

／100点

① くす玉を［わ］る。

② ［かくめい］が起こる。

③ 木の切り［かぶ］にすわる。

④ ［かくだい］コピーをとる。

⑤ 制度を［かいかく］する。

⑥ しおの［かんまん］の差。

⑦ ふとんを［ほ］す。

⑧ ［えまきもの］を見る。

⑨ 足に包帯を［ま］く。

⑩ 手厚く［かんびょう］する。

⑪ 本の［かんまつ］を見る。

⑫ ［かんたん］な計算問題。

⑬ 自分の［つくえ］で勉強する。

⑭ 男女の生徒の［わりあい］。

⑮ 店の［かんばん］を見る。

⑯ ［きけん］ながけ。

⑰ コップが［わ］れる。

⑱ 道はばを［かくちょう］する。

⑲ 工事現場は［あぶ］ない。

⑳ 城の［てんしゅかく］。

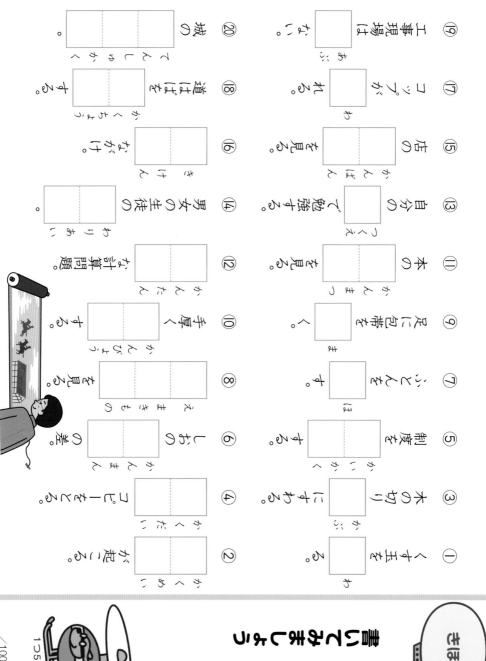

はってん

やってみましょう　2

月　日

10分　／100点

1 ——の漢字の読みがなを書きましょう。　一つ6〔24点〕

(1) ガラスが割（　）れる。

(2) 役割（　）を果たす。

(3) 干（　）ちょうの時こく。

(4) 梅干（　）しを食べる。

2 □にあてはまる漢字を書きましょう。　一つ7〔28点〕

(1) □□（きき）一ぱつ

(2) 全集の□□□（だいにかん）。

(3) □□（まきがみ）に書く。

(4) □□（かくしん）的なデザイン。

3 意味を考えて、次の読み方の漢字を□に書きましょう。　一つ6〔24点〕

(1) カク　①制度の改□。　②内□総理大臣

(2) カン　①病人の□護。　②□素な身なり。

4 次の部首の付く漢字を□に書きましょう。　一つ6〔24点〕

(1) 木　①□（かぶ）式会社　②□（つくえ）をふく。

(2) 扌　①字を□（かく）大する。　②新人を□（さい）用する。

答えは81ページ

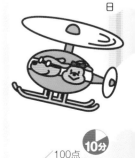

筆順 1 2 3 4 5 まちがえやすいところ…

👀…まちがえやすい漢字

漢字	読み方	画数	部首	言葉
揮	キ / —	12画	扌 てへん	指揮(しき)・発揮(はっき)
貴	キ・(たっとい)(とうとい)(たっとぶ)(とうとぶ)	12画	貝 かい	貴金属(ききんぞく)・貴重(きちょう)
疑	ギ / うたがう	14画	疋 ひき	疑問(ぎもん)・疑(うたが)わしい
吸	キュウ / すう 	6画	口 くちへん	呼吸(こきゅう)・吸(す)いこむ
供	キョウ・(ク) / そなえる とも	8画	亻 にんべん	提供(ていきょう)・供(そな)え物(もの)
胸	キョウ / むね・(むな)	10画	月 にくづき	度胸(どきょう)・胸(むね)を張(は)る
郷	キョウ(ゴウ) / — 	11画	阝 おおざと	郷土(きょうど)・故郷(こきょう)
勤	キン・(ゴン) / つとめる つとまる	12画	力 ちから	通勤(つうきん)・勤(つと)める会社(かいしゃ)
筋	キン / すじ	12画	⺮ たけかんむり	筋肉(きんにく)・筋道(すじみち)
系	ケイ / —	7画	糸 いと	銀河系(ぎんがけい)・系図(けいず)
敬	ケイ / うやまう	12画	攵 のぶん	敬語(けいご)・相手(あいて)を敬(うやま)う

練習

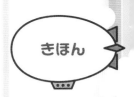

きほん

読んでみましょう

月　日

1つ5点

10分

／100点

① 新せんな空気を**吸**（　　）う。

② **貴重**（　　）な体験をする。

③ 話の内容を**疑**（　　）う。

④ 実力を**発揮**（　　）する。

⑤ 墓に花を**供**（　　）える。

⑥ **筋肉**（　　）をきたえる。

⑦ **胸**（　　）を張って歩く。

⑧ 正しい**敬語**（　　）を使う。

⑨ 会社に**勤**（　　）める。

⑩ **試供品**（　　）を使う。

⑪ 話のあら**筋**（　　）。

⑫ **胸囲**（　　）を測る。

⑬ **勤勉**（　　）な生徒。

⑭ **郷土**（　　）資料館に行く。

⑮ 目上の人を**敬**（　　）う。

⑯ **疑問**（　　）に思う。

⑰ 社長のお**供**（　　）をする。

⑱ ポンプで**吸引**（　　）する。

⑲ けい察官が**敬礼**（　　）する。

⑳ **太陽系**（　　）の星。

きほん

書いてみましょう

月　日

1つ5点

／100点　10分

① 新せんな空気を□（す）う。

② □□（きちょう）な体験をする。

③ 話の内容を□（うたが）う。

④ 実力を□□（はっき）する。

⑤ 墓に花を□（そな）える。

⑥ □□（きんにく）をきたえる。

⑦ □（むね）を張って歩く。

⑧ 正しい□□（けいご）を使う。

⑨ 会社に□（つと）める。

⑩ □□□（しきょうひん）を使う。

⑪ 話のあら□（すじ）。

⑫ □□（きょうい）を測る。

⑬ □□（きんべん）な生徒。

⑭ □□（きょうど）資料館に行く。

⑮ 目上の人を□（うやま）う。

⑯ □□（ぎもん）に思う。

⑰ 社長のお□（とも）をする。

⑱ ポンプで□□（きゅういん）する。

⑲ けい察官が□□（けいれい）する。

⑳ □□□（たいようけい）の星。

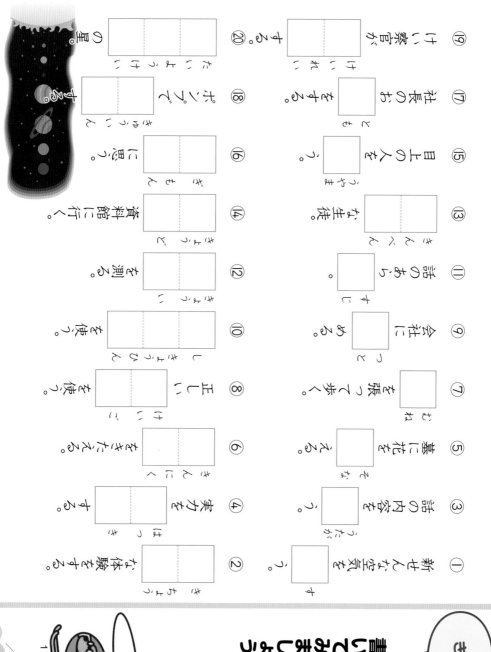

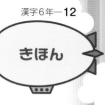

はってん

やってみましょう　3

月　日

／100点　10分

1 ――の漢字の読みがなを書きましょう。　一つ6〔24点〕

(1) 医者の（　　）家系。

(2) 朝早く（　　）出勤する。

(3) 来月、（　　）故郷に帰る。

(4) （　　）筋道を立てて話す。

2 □にあてはまる漢字を書きましょう。　一つ7〔28点〕

(1) うわさを□（うたが）う。

(2) 仏前（ぶつぜん）への□（そな）え物。

(3) 水を□（す）い上げる。

(4) □□（どきょう）をためす。

3 ┆から12画の漢字を四つ選び、□に書きましょう。　一つ6〔24点〕

□　□　□　□

貴　郷　勤　揮　系　敬

4 ①と②の┆の部分を組み合わせて漢字を作り、□に書きましょう。　一つ6〔24点〕

□　□　□　□

①	②
𧾷	亻
共	及
ロ	匈
月	呉

答えは81ページ

筆順 1 2 3 4 5 まちがえやすいところ…

…まちがえやすい漢字

漢字	読み方	画数	部首	言葉
警	ケイ ― 	19画	言 げん	警察（けいさつ）・警報（けいほう）
劇	ゲキ ―	15画	刂 りっとう	演劇（えんげき）・劇団（げきだん）
激	ゲキ はげしい	16画	氵 さんずい	感激（かんげき）・激（はげ）しい雨（あめ）
穴	（ケツ） あな	5画	穴 あな	落（お）とし穴（あな）・横穴（よこあな）
券	ケン ―	8画	刀 かたな	乗車券（じょうしゃけん）・入場券（にゅうじょうけん）
絹	（ケン） きぬ 	13画	糸 いとへん	絹糸（きぬいと）・絹織物（きぬおりもの）
権	ケン・（ゴン） ―	15画	木 きへん	権利（けんり）・著作権（ちょさくけん）
憲	ケン ―	16画	心 こころ	憲法（けんぽう）・立憲政治（りっけんせいじ）
源	ゲン みなもと	13画	氵 さんずい	資源（しげん）・生命（せいめい）の源（みなもと）
厳	ゲン・（ゴン） （おごそか） きびしい	17画	⺍ つかんむり	厳重（げんじゅう）・厳（きび）しい父（ちち）
己	コ・（キ） （おのれ）	3画	己 おのれ	自己（じこ）・利己的（りこてき）

練習

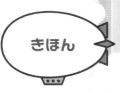

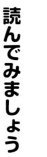

きほん

読んでみましょう

月　日

1つ5点

10分　／100点

① ビルを警備する。（　　）

② 日本国憲法（　　）

③ 激しく雨がふる。（　　）

④ 観光客が激増する。（　　）

⑤ 絹で織った服。（　　）

⑥ 権利と義務。（　　）

⑦ 演劇を見る。（　　）

⑧ 乗車券を買う。（　　）

⑨ 感激して泣く。（　　）

⑩ 児童憲章を読む。（　　）

⑪ 川の源へ向かう。（　　）

⑫ 厳重な戸じまり。（　　）

⑬ 権力争いが起きる。（　　）

⑭ 自己しょうかい（　　）

⑮ 厳しい暑さが続く。（　　）

⑯ 資源を大切にする。（　　）

⑰ ほら穴にかくれる。（　　）

⑱ 約束を厳守する。（　　）

⑲ 入場券を見せる。（　　）

⑳ 警察官になる。（　　）

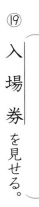

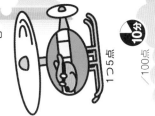

きほん

書いてみましょう

月　日

1つ5点

10分

／100点

① ビルを［けいび］する。
② 日本国［けんぽう］
③ ［はげ］しく雨がふる。
④ 観光客が［げきぞう］する。
⑤ ［きぬ］で織った服。
⑥ ［けんり］と義務。
⑦ ［えんげき］を見る。
⑧ ［じょうしゃけん］を買う。
⑨ ［かんげき］して泣く。
⑩ 児童［けんしょう］を読む。
⑪ 川の［みなもと］へ向かう。
⑫ ［げんじゅう］な戸じまり。
⑬ ［けんりょく］争いが起きる。
⑭ ［じこ］しょうかい
⑮ ［きび］しい暑さが続く。
⑯ ［しげん］を大切にする。
⑰ ほら［あな］にかくれる。
⑱ 約束を［げんしゅ］する。
⑲ ［にゅうじょうけん］を見せる。
⑳ ［けいさつかん］になる。

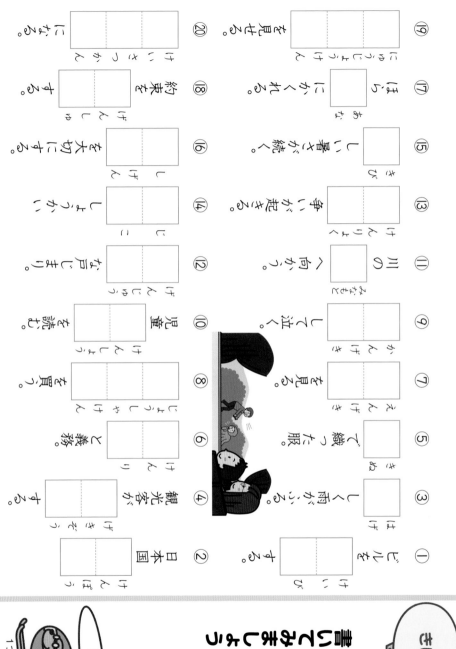

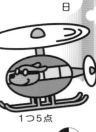

はってん

やってみましょう　4

月　日

10分　／100点

1 ——の漢字の読みがなを書きましょう。　一つ6〔24点〕

(1) 激しい流れの川。（　　）

(2) 劇団の公演。（　　）

(3) 服に穴が開く。（　　）

(4) 美しい絹織物。（　　）

2 □にあてはまる漢字を書きましょう。　一つ7〔28点〕

(1) 本は知識の□（みなもと）だ。

(2) 大雨□□（けいほう）が出る。

(3) □（きび）しい練習をする。

(4) 鉄道の□□□（ていきけん）。

3 次の漢字の部首を選び、○で囲みましょう。　一つ6〔24点〕

(1) 激｛氵・攵｝

(2) 絹｛糸・月｝

(3) 権｛木・隹｝

(4) 憲｛宀・心｝

4 意味を考えて、次の読み方の漢字を□に書きましょう。　一つ6〔24点〕

(1) ゲン｛かなの起①□。／火気②□禁。｝

(2) コ｛利①□的な人。／②□人的な意見。｝

答えは81ページ

筆順 1 2 3 4 5　まちがえやすいところ…

…まちがえやすい漢字

漢字	読み方	画数	部首	言葉
呼	コ / よぶ	8画	口 くちへん	点呼(てんこ)・呼(よ)びかける
誤	ゴ / あやまる	14画	言 ごんべん	誤解(ごかい)・書(か)き誤(あやま)る
后	コウ / — 	6画	口 くち	皇后(こうごう)・皇后陛下(こうごうへいか)
孝	コウ / —	7画	子 こ	親孝行(おやこうこう)・親不孝(おやふこう)
皇	コウ・オウ / —	9画	白 しろ	皇居(こうきょ)・法皇(ほうおう)
紅	コウ・(ク) / べに / (くれない)	9画	糸 いとへん	紅茶(こうちゃ)・口紅(くちべに)
降	コウ / おりる・おろす / ふる	10画	阝 こざとへん	以降(いこう)・雨(あめ)が降(ふ)る
鋼	コウ / (はがね)	16画	金 かねへん	鋼材(こうざい)・鉄鋼(てっこう)
刻	コク / きざむ	8画	刂 りっとう	時刻(じこく)・小刻(こきざ)み
穀	コク / — 	14画	禾 のぎへん	穀物(こくもつ)・雑穀(ざっこく)
骨	コツ / ほね	10画	骨 ほね	骨折(こっせつ)・魚(さかな)の骨(ほね)

練習

きほん

読んでみましょう

月　日

1つ5点

10分　／100点

① 弟の名前を呼ぶ。

② 文中の誤字を直す。

③ 使い方を誤る。

④ 皇后へい下

⑤ 紅白のまんじゅう。

⑥ 紅茶を飲む。

⑦ バスを降りる。

⑧ 穀物がよく実る。

⑨ キャベツを刻む。

⑩ 年間の降水量。

⑪ 静かに雪が降る。

⑫ 親孝行をする。

⑬ 骨が折れる仕事。

⑭ 母の新しい口紅。

⑮ 深呼吸をする。

⑯ 日のしずむ時刻。

⑰ 皇居の前の広場。

⑱ 鋼鉄でできた船。

⑲ 足を骨折する。

⑳ 後白河(ごしらかわ)法皇

きほん

書いてみましょう

月　日

1つ5点

10分

／100点

① 弟の名前を□（よ）ぶ。

② 文中の□□（ごじ）を直す。

③ 使い方を□（あやま）る。

④ □□（こうごう）へい下

⑤ □□（こうはく）のまんじゅう。

⑥ □□（こうちゃ）を飲む。

⑦ バスを□（お）りる。

⑧ □□（こくもつ）がよく実る。

⑨ キャベツを□（きざ）む。

⑩ 年間の□□□（こうすいりょう）。

⑪ 静かに雪が□（ふ）る。

⑫ □□□（おやこうこう）をする。

⑬ □（ほね）が折れる仕事。

⑭ 母の新しい□□（くちべに）。

⑮ □□□（しんこきゅう）をする。

⑯ 日のしずむ□□（じこく）。

⑰ □□（こうきょ）の前の広場。

⑱ □□（こうてつ）でできた船。

⑲ 足を□□（こっせつ）する。

⑳ 後白河（ごしらかわ）□□（ほうおう）

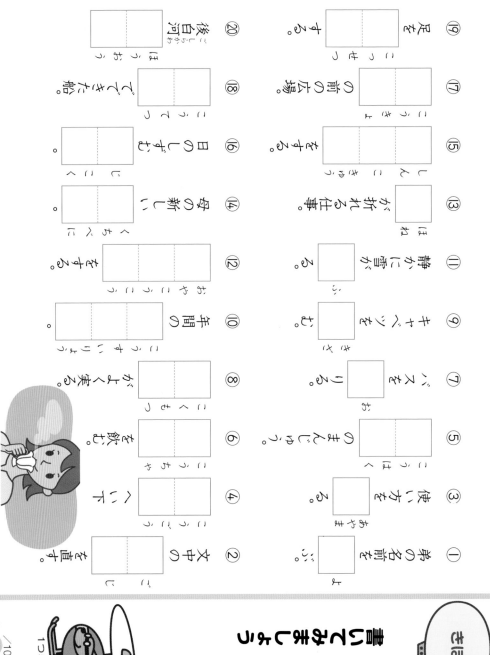

はってん

やってみましょう　5

月　　日

10分　／100点

1 ――の漢字の読みがなを書きましょう。　一つ6〔24点〕

(1) 建物の<u>骨組</u>み。（　　　）

(2) <u>皇太后</u>様（　　　）

(3) 乗客を<u>降</u>ろす。（　　　）

(4) <u>紅葉</u>の季節になる。（　　　）

2 □にあてはまる漢字を書きましょう。　一つ7〔28点〕

(1) □□（こうこう）な子。

(2) 意味を□□（ごかい）する。

(3) □□（しんこく）な顔をする。

(4) 大声で助けを□（よ）ぶ。

3 次の画数の漢字を□から選んで、□に書きましょう。　一つ6〔24点〕

(1) 9画　□　□

(2) 10画　□　□

降　紅　皇　骨

4 ①と②の□の部分を組み合わせて漢字を作り、□に書きましょう。　一つ6〔24点〕

□　□
□　□

① 岡　呉　刂　[illegible]

② 訁　亥　殳　釒

答えは81ページ

筆順 1 2 3 4 5 まちがえやすいところ…

👀…まちがえやすい漢字

漢字	読み方	画数	部首	言葉
困	コン / こまる	7画	囗 くにがまえ	困難(こんなん)・返事(へんじ)に困(こま)る
砂	サ・(シャ) / すな	9画	石 いしへん	砂鉄(さてつ)・砂場(すなば)
座	ザ / (すわる)	10画	广 まだれ	座席(ざせき)・星座(せいざ)
済 👀	サイ / すむ・すます	11画	氵 さんずい	返済(へんさい)・用事(ようじ)が済(す)む
裁	サイ / (たつ) / さばく	12画	衣 ころも	裁判所(さいばんしょ)・罪(つみ)を裁(さば)く
策	サク / —	12画	⺮ たけかんむり	策略(さくりゃく)・対策(たいさく)
冊	サツ・(サク) / —	5画	冂 どうがまえ	冊子(さっし)・別冊(べっさつ)
蚕 👀	サン / かいこ	10画	虫 むし	養蚕(ようさん)・蚕(かいこ)を飼(か)う
至 👀	シ / いたる	6画	至 いたる	至急(しきゅう)・山頂(さんちょう)に至(いた)る
私	シ / わたくし / わたし	7画	禾 のぎへん	私立(しりつ)・私(わたし)たち

練習

きほん

読んでみましょう

月　日

1つ5点

10分　／100点

①　ひん困に苦しむ。（　）

②　砂鉄を集める。（　）

③　仕事を済ます。（　）

④　電車の座席。（　）

⑤　返事に困る。（　）

⑥　公園の砂場。（　）

⑦　砂山を作る。（　）

⑧　日本の経済。（　）

⑨　海へ至る道。（　）

⑩　養蚕農家の建物。（　）

⑪　罪人を裁く。（　）

⑫　大雪の対策。（　）

⑬　私の意見を述べる。（　）

⑭　別冊の付録。（　）

⑮　蚕を飼っている農家。（　）

⑯　至急、連らくする。（　）

⑰　病気が悪化せずに済む。（　）

⑱　裁判を行う。（　）

⑲　たたみに正座する。（　）

⑳　私鉄の電車に乗る。（　）

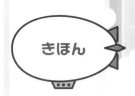

きほん

書いてみましょう

月　日

1つ5点

10分

／100点

① ひん［こん］に苦しむ。

② ［さてつ］を集める。

③ 仕事を［す］ます。

④ 電車の［ざせき］。

⑤ 返事に［こま］る。

⑥ 公園の［すなば］。

⑦ ［すなやま］を作る。

⑧ 日本の［けいざい］。

⑨ 海へ［いた］る道。

⑩ ［ようさん］農家の建物。

⑪ 罪人を［さば］く。

⑫ 大雪の［たいさく］。

⑬ ［わたくし（わたし）］の意見を述べる。

⑭ ［べっさつ］の付録。

⑮ ［かいこ］を飼っている農家。

⑯ ［しきゅう］、連らくする。

⑰ 病気が悪化せずに［す］む。

⑱ ［さいばん］を行う。

⑲ たたみに［せいざ］する。

⑳ ［してつ］の電車に乗る。

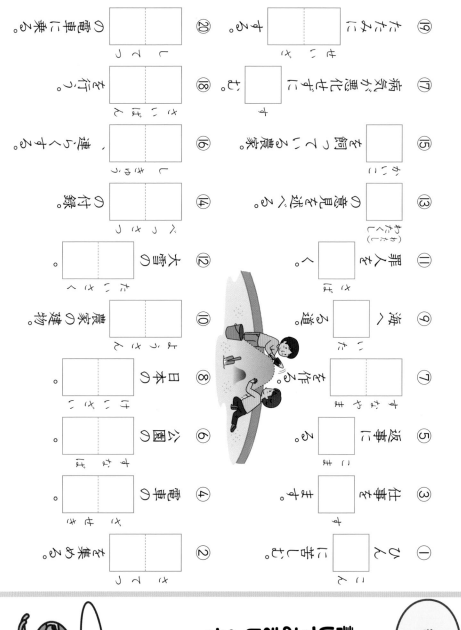

はってん

やってみましょう　6

月　日

10分　／100点

1 ――の漢字の読みがなを書きましょう。　一つ6〔24点〕

(1) （　　）困なんを乗りこえる。

(2) 夜空の（　　）星座。

(3) 国の（　　）政策。

(4) （　　）養蚕業を営む。

2 □にあてはまる漢字を書きましょう。　一つ7〔28点〕

(1) 昼食を外で□（す）ます。

(2) 川で□□（さきん）を採る。

(3) 争い事を□（さば）く。

(4) □□□（しょうさっし）を作る。

3 意味を考えて、次の読み方の漢字を□に書きましょう。　一つ6〔24点〕

(1) シ
①□語をつつしむ。
②□近きょり

(2) サイ
①借金の返□。
②布を□断する。

4 次の漢字の部首を選び、○で囲みましょう。　一つ6〔24点〕

(1) 困｛口・木｝

(2) 座｛广・土｝

(3) 策｛⺮・木｝

(4) 蚕｛大・虫｝

答えは81ページ

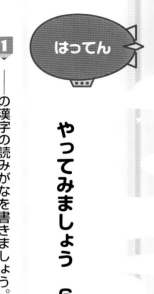

筆順 1 2 3 4 5 まちがえやすいところ…

…まちがえやすい漢字

漢字	読み方	画数	部首	言葉
姿	シ／すがた	9画	女 おんな	姿勢(しせい)・後ろ姿(うしろすがた)
視	シ／―	11画	見 みる	視線(しせん)・視力(しりょく)
詞	シ／―	12画	言 ごんべん	歌詞(かし)・作詞(さくし)
誌	シ／―	14画	言 ごんべん	雑誌(ざっし)・日誌(にっし)
磁	ジ／―	14画	石 いしへん	磁器(じき)・磁石(じしゃく)
射	シャ／いる	10画	寸 すん	注射(ちゅうしゃ)・的(まと)を射(い)る
捨	シャ／すてる	11画	扌 てへん	取捨(しゅしゃ)・使(つか)い捨(す)て
尺	シャク／―	4画	尸 かばね	尺八(しゃくはち)・巻(ま)き尺(じゃく)
若	(ジャク)(ニャク)／わかい／(もしくは)	8画	艹 くさかんむり	若葉(わかば)・若者(わかもの)
樹	ジュ／―	16画	木 きへん	街路樹(がいろじゅ)・樹木(じゅもく)
収	シュウ／おさめる／おさまる	4画	又 また	収集(しゅうしゅう)・成功(せいこう)を収(おさ)める

練習

きほん

読んでみましょう

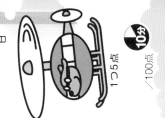

月　日

1つ5点

10分　／100点

① 磁気（　　）を帯びた鉄。

② 姿勢（　　）を正す。

③ 兄の後ろ姿（　　）を見送る。

④ 意見を重視（　　）する。

⑤ 光が反射（　　）する。

⑥ たなに本が収（　　）まる。

⑦ ごみ箱に捨（　　）てる。

⑧ 有名な作詞家（　　）。

⑨ 矢で的を射（　　）る。

⑩ 学級日誌（　　）をつける。

⑪ 勝利を収（　　）める。

⑫ 父は母より三才若（　　）い。

⑬ 磁石（　　）を使う。

⑭ 街路樹（　　）を植える。

⑮ 切手を収集（　　）する。

⑯ 尺八（　　）をふく。

⑰ 容姿（　　）たんれいな人。

⑱ 若者（　　）の意見を聞く。

⑲ 物事の尺度（　　）。

⑳ 四捨（　　）五入する。

きほん

書いてみましょう

月　日

1つ5点

10分

／100点

① □□（じき）を帯びた鉄。

② □□（しせい）を正す。

③ 兄の後ろ□（すがた）を見送る。

④ 意見を□□（じゅうし）する。

⑤ 光が□□（はんしゃ）する。

⑥ たなに本が□（おさ）まる。

⑦ ごみ箱に□（す）てる。

⑧ 有名な□□□（さくしか）。

⑨ 矢で的を□（い）る。

⑩ 学級□□（にっし）をつける。

⑪ 勝利を□（おさ）める。

⑫ 父は母より三才□（わか）い。

⑬ □□（じしゃく）を使う。

⑭ □□□（がいろじゅ）を植える。

⑮ 切手を□□（しゅうしゅう）する。

⑯ □□（しゃくはち）をふく。

⑰ □□（ようし）たんれいな人。

⑱ □□（わかもの）の意見を聞く。

⑲ 物事の□□（しゃくど）。

⑳ □□（ししゃ）五入する。

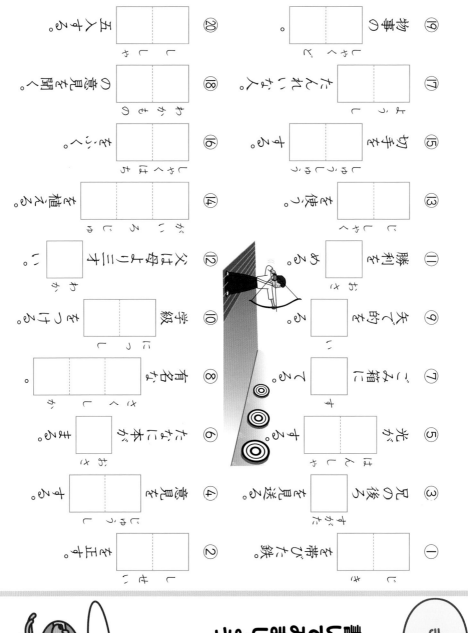

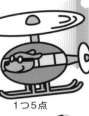

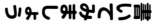

はってん

やってみましょう　7

月　日

10分　／100点

1 ——の漢字の読みがなを書きましょう。　一つ6〔24点〕

(1) 巻き尺（　）を使う。

(2) 樹木（　）を育てる。

(3) 成功を収（　）める。

(4) 収入（　）を得る。

2 □にあてはまる漢字を書きましょう。　一つ7〔28点〕

(1) えものに矢を□（い）る。

(2) □□（ざっし）を読む。

(3) □（す）て身で戦う。

(4) □□（どうし）の活用。

3 ①と②の□の部分を組み合わせて漢字を作り、□に書きましょう。　一つ6〔48点〕

①		②	
石	司	右	ネ
次	寸	志	舎
艹	扌	言	身
言	見	女	兹

□　□　□　□

□　□　□　□

答えは82ページ

筆順　1　2　3　4　5　まちがえやすいところ…

…まちがえやすい漢字

漢字	読み方	画数	部首	言葉
宗	シュウ・(ソウ)／―	8画	宀 うかんむり	宗教(しゅうきょう)・宗派(しゅうは)
就	シュウ・(ジュ)／(つく・つける)	12画	尢 だいのまげあし	就学(しゅうがく)・就職(しゅうしょく)
衆	シュウ・(シュ)／―	12画	血 ち	衆議院(しゅうぎいん)・民衆(みんしゅう)
従	ジュウ・(ショウ・ジュ)／したがう・したがえる	10画	彳 ぎょうにんべん	従来(じゅうらい)・指示(しじ)に従(したが)う
縦	ジュウ／たて	16画	糸 いとへん	操縦(そうじゅう)・縦書(たてが)き
縮	シュク・ちぢむ・ちぢまる・ちぢめる・ちぢれる・ちぢらす	17画	糸 いとへん	短縮(たんしゅく)・服(ふく)が縮(ちぢ)む
熟	ジュク／(うれる)	15画	灬 れんが	熟語(じゅくご)・半熟(はんじゅく)
純	ジュン／― 	10画	糸 いとへん	純金(じゅんきん)・単純(たんじゅん)
処	ショ／―	5画	几 つくえ	処分(しょぶん)・処理(しょり)
署	ショ／― 	13画	罒 あみがしら	消防署(しょうぼうしょ)・署名(しょめい)
諸	ショ／―	15画	言 ごんべん	諸国(しょこく)・諸問題(しょもんだい)

練習

きほん

読んでみましょう

月　日

1つ5点

10分

／100点

①　衆議院の解散。（　　）

②　さまざまな宗教。（　　）

③　従来どおりの方法。（　　）

④　会社に就職する。（　　）

⑤　純白のドレスを着る。（　　）

⑥　民衆の意見。（　　）

⑦　ズボンが縮む。（　　）

⑧　列島を縦断する。（　　）

⑨　箱の縦の長さ。（　　）

⑩　警察署の前。（　　）

⑪　命令に従う。（　　）

⑫　図を縮小する。（　　）

⑬　半熟のたまご。（　　）

⑭　単純なパズル。（　　）

⑮　寒さに首を縮める。（　　）

⑯　古新聞を処分する。（　　）

⑰　けい約書に署名する。（　　）

⑱　店の従業員。（　　）

⑲　けがの処置をする。（　　）

⑳　アジアの諸国。（　　）

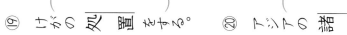

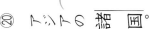

きほん

書いてみましょう

月　日

1つ5点

10分

／100点

① □□□（しゅうぎいん）の解散。

② さまざまな□□（しゅうきょう）。

③ □□（じゅうらい）どおりの方法。

④ 会社に□□（しゅうしょく）する。

⑤ □□（じゅんぱく）のドレスを着る。

⑥ □□（みんしゅう）の意見。

⑦ ズボンが□（ちぢ）む。

⑧ 列島を□□（じゅうだん）する。

⑨ 箱の□（たて）の長さ。

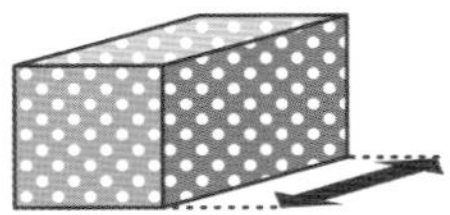

⑩ □□□（けいさつしょ）の前。

⑪ 命令に□（したが）う。

⑫ 図を□□（しゅくしょう）する。

⑬ □□（はんじゅく）のたまご。

⑭ □□（たんじゅん）なパズル。

⑮ 寒さに首を□（ちぢ）める。

⑯ 古新聞を□□（しょぶん）する。

⑰ けい約書に□□（しょめい）する。

⑱ 店の□□□（じゅうぎょういん）。

⑲ けがの□□（しょち）をする。

⑳ アジアの□□（しょこく）。

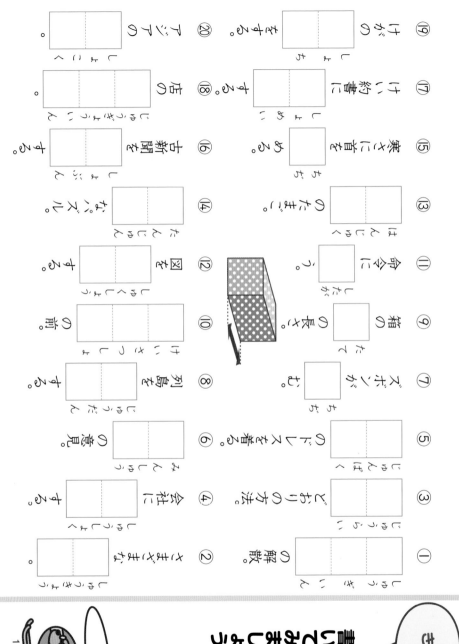

はってん

やってみましょう　8

月　　日

10分　／100点

1 ――の漢字の読みがなを書きましょう。　一つ6〔24点〕

(1) 点差が<u>縮</u>まる。（　　）

(2) 日程を<u>短縮</u>する。（　　）

(3) 家来を<u>従</u>える。（　　）

(4) <u>改宗</u>は自由である。（　　）

2 □にあてはまる漢字を書きましょう。　一つ7〔28点〕

(1) 道が□□(じゅうおう)に走る。

(2) 仕事を□□(しょり)する。

(3) 南西□□(しょとう)の近海。

(4) □(たて)書きのノート。

3 形に気をつけて、□にあてはまる漢字を書きましょう。　一つ6〔24点〕

(1) ①四字□(じゅく)語の意味。
②ゲームに□(ねっ)中する。

(2) ①消防□(しょ)に勤める。
②□(しょ)中見まいを出す。

4 次の画数の漢字を［　］から選んで、□に書きましょう。　一つ6〔24点〕

(1) 10画　□　□

(2) 12画　□　□

［ 就　衆　従　純 ］

答えは82ページ

筆順 1 2 3 4 5 まちがえやすいところ…

…まちがえやすい漢字

漢字	読み方	画数	部首	言葉
除	ジョ・(ジ) のぞく	10画	阝 こざとへん	除雪(じょせつ)・取り除く(とりのぞく)
承	ショウ (うけたまわる)	8画	手 て	承知(しょうち)・伝承(でんしょう)
将	ショウ ―	10画	寸 すん	将来(しょうらい)・大将(たいしょう)
傷	ショウ きず (いたむ・いためる)	13画	イ にんべん	軽傷(けいしょう)・傷薬(きずぐすり)
障	ショウ (さわる)	14画	阝 こざとへん	故障(こしょう)・障子紙(しょうじがみ)
蒸	ジョウ (むす) (むれる・むらす) 	13画	艹 くさかんむり	蒸気(じょうき)・蒸発(じょうはつ)
針	シン はり	10画	金 かねへん	方針(ほうしん)・針金(はりがね)
仁	ジン・(二) ―	4画	イ にんべん	仁愛(じんあい)・仁義(じんぎ)
垂	スイ たれる・たらす	8画	土 つち	垂直(すいちょく)・垂れ下がる(たれさがる)
推	スイ (おす)	11画	扌 てへん	推測(すいそく)・推理(すいり)
寸	スン ―	3画	寸 すん	一寸(いっすん)・寸法(すんぽう)

練習

きほん

読んでみましょう

月　日

1つ5点

10分

／100点

① 転んで負傷する。

② 自分の将来。

③ 傷の手当てをする。

④ 除雪作業を行う。

⑤ たのみを承知する。

⑥ 医は仁術という。

⑦ 木の枝が垂れる。

⑧ 機械が故障する。

⑨ ごみを取り除く。

⑩ なぞを推理する。

⑪ 針に糸を通す。

⑫ 水分が蒸発する。

⑬ あせを垂らす。

⑭ 会社の運営方針。

⑮ 伝承されてきた歌。

⑯ 車が損傷する。

⑰ 服の寸法を測る。

⑱ 垂直に交わる二線。

⑲ 気持ちを推察する。

⑳ ゴール寸前で転ぶ。

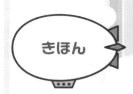

きほん

書いてみましょう

月　日

1つ5点

10分

／100点

① 転んで［ふしょう］する。

② 自分の［しょうらい］。

③ ［きず］の手当てをする。

④ ［じょせつ］作業を行う。

⑤ たのみを［しょうち］する。

⑥ 医は［じんじゅつ］という。

⑦ 木の枝が［た］れる。

⑧ 機械が［こしょう］する。

⑨ ごみを取り［のぞ］く。

⑩ なぞを［すいり］する。

⑪ ［はり］に糸を通す。

⑫ 水分が［じょうはつ］する。

⑬ あせを［た］らす。

⑭ 会社の運営［ほうしん］。

⑮ ［でんしょう］されてきた歌。

⑯ 車が［そんしょう］する。

⑰ 服の［すんぽう］を測る。

⑱ ［すいちょく］に交わる二線。

⑲ 気持ちを［すいさつ］する。

⑳ ゴール［すんぜん］で転ぶ。

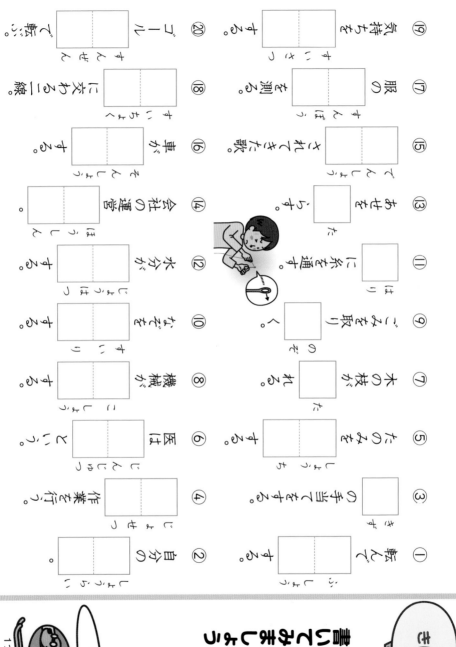

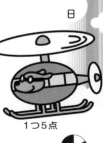

はってん

やってみましょう 9

月　日

10分

／100点

1 ――の漢字の読みがなを書きましょう。　一つ6〔24点〕

(1) 時計の針。（　　）

(2) 船の針路。（　　）

(3) 一寸法師の話。（　　）

(4) 昔の武将。（　　）

2 □にあてはまる漢字を書きましょう。　一つ7〔28点〕

(1) □□（じょや）のかね。

(2) つり糸を□（た）らす。

(3) 水の□□（じょうはつ）。

(4) □□（しょうふく）できない話。

3 次の部首の付く漢字を□に書きましょう。　一つ6〔24点〕

(1) 阝
① 雑草を□（のぞ）く。
② □（しょう）子（じ）を開ける。

(2) 亻
① すり□（きず）で済む。
② □（じん）愛の心。

4 意味を考えて、次の読み方の漢字を□に書きましょう。　一つ6〔24点〕

(1) スイ
① けん□をする。
② □量する。

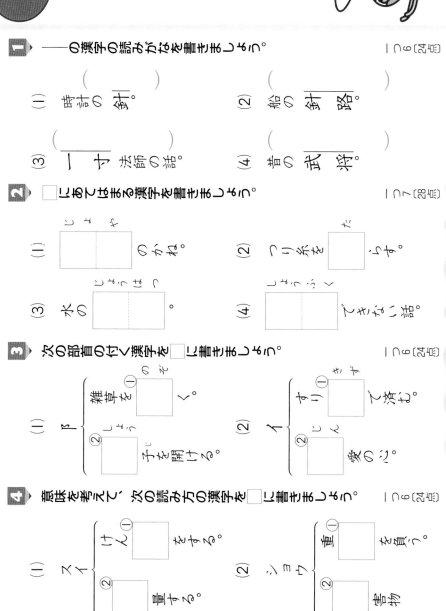

(2) ショウ
① 重□を負う。
② □害物

答えは82ページ

筆順 1 2 3 4 5 まちがえやすいところ…

…まちがえやすい漢字

漢字	読み方	画数	部首	言葉
盛	(セイ・ジョウ) もる・(さかる) (さかん)	11画	皿 さら	大盛(おおも)り・目盛(めも)り
聖	セイ — 	13画	耳 みみ	神聖(しんせい)・聖火(せいか)
誠	セイ (まこと)	13画	言 ごんべん	誠意(せいい)・誠実(せいじつ)
舌	(ゼツ) した	6画	舌 した	舌打(したう)ち・舌(した)つづみ
宣	セン —	9画	宀 うかんむり	宣言(せんげん)・宣伝(せんでん)
専	セン (もっぱら)	9画	寸 すん	専門(せんもん)・専用(せんよう)
泉	セン いずみ 	9画	水 みず	温泉(おんせん)・泉(いずみ)の水(みず)
洗	セン あらう	9画	氵 さんずい	洗顔(せんがん)・手(て)を洗(あら)う
染	(セン) そめる・そまる (しみる・しみ)	9画	木 き	布(ぬの)を染(そ)める
銭	セン (ぜに)	14画	金 かねへん	金銭(きんせん)・つり銭(せん)
善	ゼン よい	12画	口 くち	改善(かいぜん)・善(よ)い行(おこな)い

練習

盛 聖 誠 舌 宣 専 泉 洗 染 銭 善

きほん

読んでみましょう

月　日

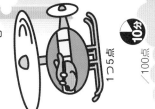

1つ5点

10分

／100点

① 料理を皿に盛る。（　）

② 聖火をリレーする。（　）

③ 口を開いて舌を出す。（　）

④ 誠意をこめて話す。（　）

⑤ 布を青く染める。（　）

⑥ 商品を宣伝する。（　）

⑦ 無罪を宣告される。（　）

⑧ 温泉につかる。（　）

⑨ 泉がわき出る。（　）

⑩ 自分専用の机。（　）

⑪ 空が赤く染まる。（　）

⑫ 朝、洗顔する。（　）

⑬ 水で手を洗う。（　）

⑭ 善悪をわきまえる。（　）

⑮ 神聖な場所。（　）

⑯ つり銭をもらう。（　）

⑰ 善い行いをする。（　）

⑱ 研究に専念する。（　）

⑲ 洗練された洋服。（　）

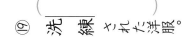

⑳ 食生活を改善する。（　）

きほん

書いてみましょう

月　日

1つ5点

10分

／100点

① 料理を皿に□（も）る。

② □□（せいか）をリレーする。

③ 口を開いて□（した）を出す。

④ □□（せいい）をこめて話す。

⑤ 布を青く□（そ）める。

⑥ 商品を□□（せんでん）する。

⑦ 無罪を□□（せんこく）される。

⑧ □□（おんせん）につかる。

⑨ □（いずみ）がわき出る。

⑩ 自分□□（せんよう）の机。

⑪ 空が赤く□（そ）まる。

⑫ 朝、□□（せんがん）する。

⑬ 水で手を□（あら）う。

⑭ □□（ぜんあく）をわきまえる。

⑮ □□（しんせい）な場所。

⑯ つり□（せん）をもらう。

⑰ □（よ）い行いをする。

⑱ 研究に□□（せんねん）する。

⑲ □□（せんれん）された洋服。

⑳ 食生活を□□（かいぜん）する。

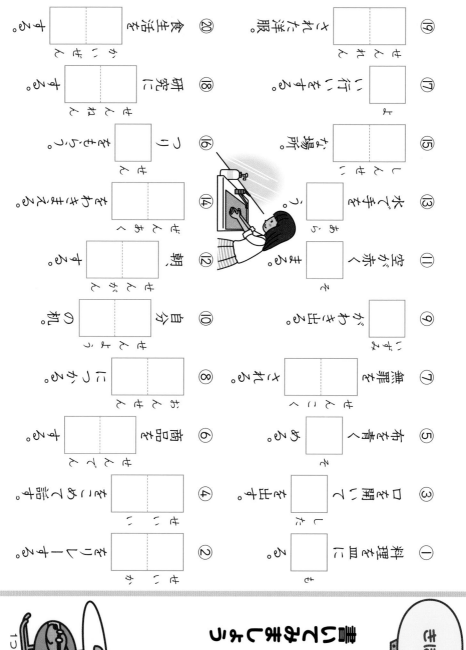

はってん

やってみましょう 10

月　日

10分　／100点

1 ――の漢字の読みがなを書きましょう。　一つ6〔24点〕

(1) 近くの銭湯に行く。（　　）

(2) 染め物をする。（　　）

(3) 忠(ちゅう)誠をちかう。（　　）

(4) 洗面器を使う。（　　）

2 □にあてはまる漢字を書きましょう。　一つ7〔28点〕

(1) 長い□(した)。

(2) □□(やまもり)のご飯。

(3) □(ぜん)は急げ。

(4) □□(せんぎょう)農家の戸数。

3 ⬚の部分を組み合わせて四つの漢字を作り、□に書きましょう。　一つ6〔24点〕

□　□　□　□

口	皿	水	寸
成	白	亩	並

4 ⬚から9画の漢字を三つ選び、□に書きましょう。　一つ8〔24点〕

□　□　□

聖　宣　洗　染　誠

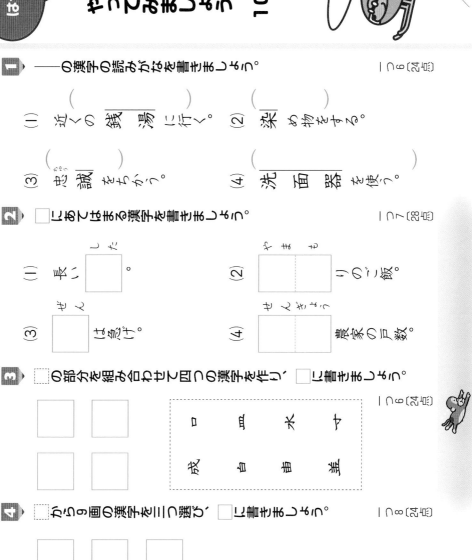

答えは82ページ

筆順 1 2 3 4 5 まちがえやすいところ…

…まちがえやすい漢字

漢字	読み方	画数	部首	言葉
奏	ソウ (かなでる)	9画	大 だい	演奏・合奏
窓	ソウ まど 	11画	穴 あなかんむり	車窓・窓口
創	ソウ つくる	12画	刂 りっとう	創作・文化を創る
装	ソウ (ショウ) (よそおう)	12画	衣 ころも	装置・服装
層	ソウ —	14画	尸 かばね	高層・地層
操	ソウ (みさお) (あやつる)	16画	扌 てへん	操作・体操
蔵	ゾウ (くら) 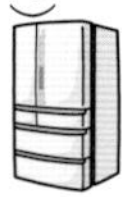	15画	艹 くさかんむり	地蔵・冷蔵庫
臓	ゾウ —	19画	月 にくづき	心臓・内臓
存	ソン・ゾン —	6画	子 こ	存在・保存
尊	ソン たっとい・とうとい たっとぶ とうとぶ	12画	寸 すん	尊重・祖先を尊ぶ

練習

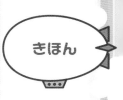

きほん

読んでみましょう

月　日

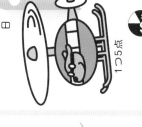

1つ5点

10分

／100点

① 車窓からの風景。（　）

② 学校の創立記念日。（　）

③ 楽団の演奏をきく。（　）

④ 山登りの服装。（　）

⑤ 教室の窓を開ける。（　）

⑥ 地層を調べる。（　）

⑦ バイオリンの独奏。（　）

⑧ ラジオ体操をする。（　）

⑨ 先人の教えを尊ぶ。（　）

⑩ 冷蔵庫にしまう。（　）

⑪ 飛行機を操縦する。（　）

⑫ 内臓の検査をする。（　）

⑬ ぶたいの装置。（　）

⑭ 思う存分楽しむ。（　）

⑮ 未来を創る。（　）

⑯ 尊敬する人物。（　）

⑰ 尊い命を救う。（　）

⑱ 同窓会に出る。（　）

⑲ 米を貯蔵する。（　）

⑳ 島に存在する湖。（　）

きほん

書いてみましょう

月　日

1つ5点

10分

／100点

① □□（しゃそう）からの風景。

② 学校の□□（そうりつ）記念日。

③ 楽団の□□（えんそう）をきく。

④ 山登りの□□（ふくそう）。

⑤ 教室の□（まど）を開ける。

⑥ □□（ちそう）を調べる。

⑦ バイオリンの□□（どくそう）。

⑧ ラジオ□□（たいそう）をする。

⑨ 先人の教えを□（とうと・たっと）ぶ。

⑩ □□□（れいぞうこ）にしまう。

⑪ 飛行機を□□（そうじゅう）する。

⑫ □□（ないぞう）の検査をする。

⑬ ぶたいの□□（そうち）。

⑭ 思う□□（ぞんぶん）楽しむ。

⑮ 未来を□（つく）る。

⑯ □□（そんけい）する人物。

⑰ □（とうと・たっと）い命を救う。

⑱ □□□（どうそうかい）に出る。

⑲ 米を□□（ちょぞう）する。

⑳ 島に□□（そんざい）する湖。

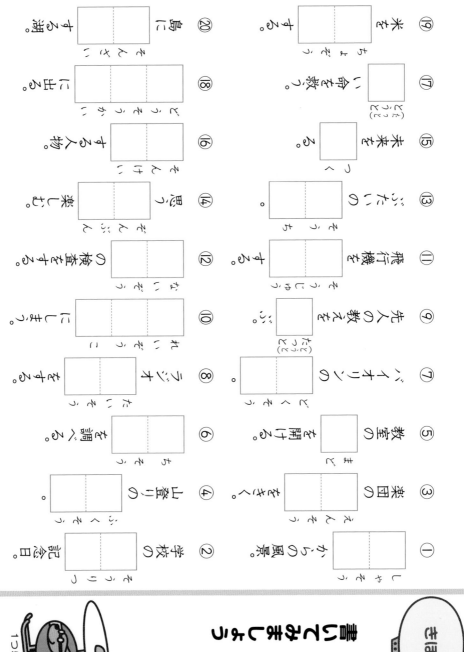

はってん

やってみましょう 11

月　日

10分　／100点

1 ――の漢字の読みがなを書きましょう。　一つ6〔24点〕

(1) 窓（　　）ガラスをふく。

(2) 車窓（　　）から外を見る。

(3) 物語を創作（　　）する。

(4) 学校を創（　　）る。

2 □にあてはまる漢字を書きましょう。　一つ7〔28点〕

(1) 道ばたの□□（じぞう）。

(2) □□（こうそう）ビルが建つ。

(3) □□（しんぞう）の音。

(4) 野菜を□□（ほぞん）する。

3 意味を考えて、次の読み方の漢字を□に書きましょう。　一つ6〔48点〕

(1) ソウ
- 曲の合①□。
- 登山の②□備。
- 断③□を調べる。
- 機械の④□作。

(2) ゾウ
- 白かべの土①□。
- 体の②□器。

(3) ソン
- 店を①□続させる。
- 人権を②□重する。

答えは82ページ

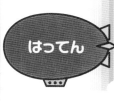

筆順 1 2 3 4 5 まちがえやすいところ…

…まちがえやすい漢字

漢字	読み方	画数	部首	言葉
退	タイ／しりぞく／しりぞける	9画	辶 しんにょう	退場（たいじょう）・後ろ（うし）に退く（しりぞ）
宅	タク	6画	宀 うかんむり	住宅（じゅうたく）・宅配便（たくはいびん）
担	タン／（かつぐ）／（になう）	8画	扌 てへん	担任（たんにん）・分担（ぶんたん）
探	タン／（さぐる）／さがす	11画	扌 てへん	探検（たんけん）・本（ほん）を探す（さが）
誕	タン	15画	言 ごんべん	生誕（せいたん）・誕生日（たんじょうび）
段	ダン	9画	殳 るまた	階段（かいだん）・段落（だんらく）
暖	ダン・あたたか／あたたかい／あたたまる／あたためる	13画	日 ひへん	温暖（おんだん）・暖か（あたた）な日（ひ）
値	チ／ね・（あたい）	10画	亻 にんべん	価値（かち）・値段（ねだん）
宙	チュウ	8画	宀 うかんむり	宙返り（ちゅうがえ）・宙（ちゅう）づり
忠	チュウ	8画	心 こころ	忠告（ちゅうこく）・忠実（ちゅうじつ）
著	チョ／（あらわす）／（いちじるしい）	11画	艹 くさかんむり	著作（ちょさく）・著者（ちょしゃ）

練習

きほん

読んでみましょう

月　日

1つ5点

10分

／100点

①（　　）自宅の電話番号。

②（　　）担任の先生と話す。

③（　　）害虫を退治する。

④（　　）要求を退ける。

⑤（　　）作業を分担する。

⑥（　　）静かな住宅地。

⑦（　　）後方へ退く。

⑧（　　）商品の値段。

⑨（　　）著名な作家の本。

⑩（　　）森を探検する。

⑪（　　）階段を下りる。

⑫（　　）温暖な地域。

⑬（　　）部屋が暖まる。

⑭（　　）価値がある古い切手。

⑮（　　）宙づりになる。

⑯（　　）自分の誕生日。

⑰（　　）暖かい気候。

⑱（　　）主人に忠実な犬。

⑲（　　）読む本を探す。

⑳（　　）本の著者。

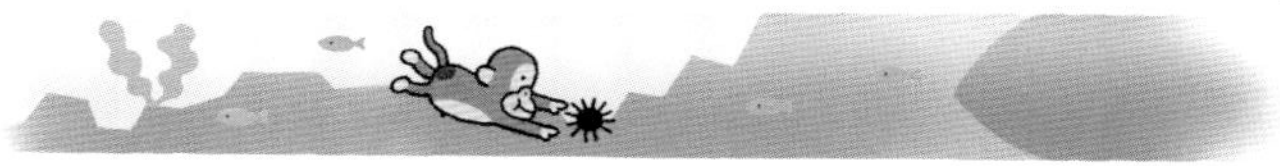

きほん

書いてみましょう

月　日

1つ5点

10分

／100点

①［じたく］の電話番号。

②［たんにん］の先生と話す。

③害虫を［たいじ］する。

④要求を［しりぞ］ける。

⑤作業を［ぶんたん］する。

⑥静かな［じゅうたくち］。

⑦後方へ［しりぞ］く。

⑧商品の［ねだん］。

⑨［ちょめい］な作家の本。

⑩森を［たんけん］する。

⑪［かいだん］を下りる。

⑫［おんだん］な地域。

⑬部屋が［あたた］まる。

⑭［かち］がある古い切手。

⑮［ちゅう］づりになる。

⑯自分の［たんじょうび］。

⑰［あたた］かい気候。

⑱主人に［ちゅうじつ］な犬。

⑲読む本を［さが］す。

⑳本の［ちょしゃ］。

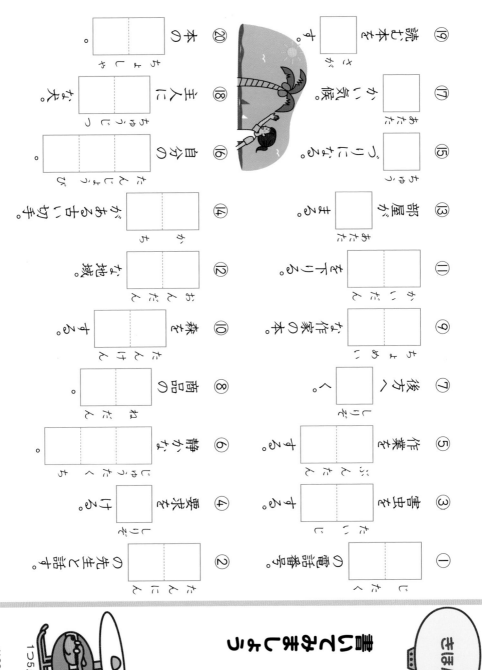

はってん

やってみましょう 12

月　日

10分　／100点

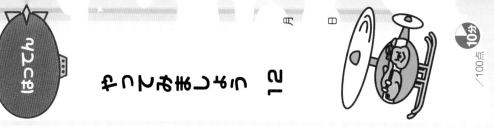

1 ――の漢字の読みがなを書きましょう。　一つ6〔24点〕

(1) 作家の著書。（　　）
(2) 室内を暖める。（　　）
(3) 意見を退ける。（　　）
(4) 退院する。（　　）

2 □にあてはまる漢字を書きましょう。　一つ7〔28点〕

(1) 文章の□□（だんらく）の数。
(2) 聖人の□□（せいたん）記念日。
(3) □□（ちゅうがえ）りをする。
(4) 仕事を□□（ぶんたん）する。

3 形に気をつけて、□にあてはまる漢字を書きましょう。　一つ6〔48点〕

(1) ① 魚群□（たん）知機
　　② □（しん）海にもぐる。
(2) ① テストの平均□（ち）。
　　② 高山□（しょく）物が群れる。
(3) ① 宇□（ちゅう）のなぞ。
　　② □（たく）地を開発する。
(4) ① □（ちゅう）告する。
　　② 医師を□（し）望する。

答えは82ページ

筆順 1 2 3 4 5 まちがえやすいところ…

…まちがえやすい漢字

漢字	読み方	画数	部首	言葉
庁	チョウ / —	5画	广 まだれ	県庁(けんちょう)・庁舎(ちょうしゃ)
頂	チョウ / いただく いただき	11画	頁 おおがい	頂上(ちょうじょう)・頂(いただ)いた本(ほん)
腸	チョウ / —	13画	月 にくづき	胃腸(いちょう)・大腸(だいちょう)
潮	チョウ / しお	15画	氵 さんずい	最高潮(さいこうちょう)・満(み)ち潮(しお)
賃	チン / —	13画	貝 かい	運賃(うんちん)・賃金(ちんぎん)
痛	ツウ / いたい・いたむ いためる	12画	疒 やまいだれ	苦痛(くつう)・頭(あたま)が痛(いた)い
敵 (まちがえやすい漢字)	テキ / (かたき)	15画	攵 のぶん	強敵(きょうてき)・敵対(てきたい)
展 (まちがえやすい漢字)	テン / —	10画	尸 かばね	展示(てんじ)・発展(はってん)
討 (まちがえやすい漢字)	トウ / (うつ)	10画	言 ごんべん	検討(けんとう)・討論(とうろん)
党	トウ / —	10画	儿 ひとあし	政党(せいとう)・党首(とうしゅ)
糖	トウ / —	16画	米 こめへん	砂糖(さとう)・糖分(とうぶん)

練習

庁 頂 腸 潮 賃 痛 敵 展 討 党 糖

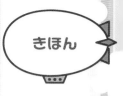

きほん

読んでみましょう

月　　日

1つ5点

10分

／100点

① ごちそうを頂く。（　　）

② 県庁所在地（　　）

③ 山の頂に着く。（　　）

④ 満潮の時刻。（　　）

⑤ 胃腸薬を飲む。（　　）

⑥ 苦痛にたえる。（　　）

⑦ 歯がずきずきと痛む。（　　）

⑧ 案を検討する。（　　）

⑨ 強敵と対戦する。（　　）

⑩ 投票で党首を選ぶ。（　　）

⑪ 町が発展する。（　　）

⑫ バスの運賃。（　　）

⑬ 山の頂上まで登る。（　　）

⑭ 高潮に警かいする。（　　）

⑮ 世間の風潮。（　　）

⑯ 敵意をいだく。（　　）

⑰ 頭が痛い。（　　）

⑱ 料理に砂糖を使う。（　　）

⑲ アパートの家賃。（　　）

⑳ おかの展望台。（　　）

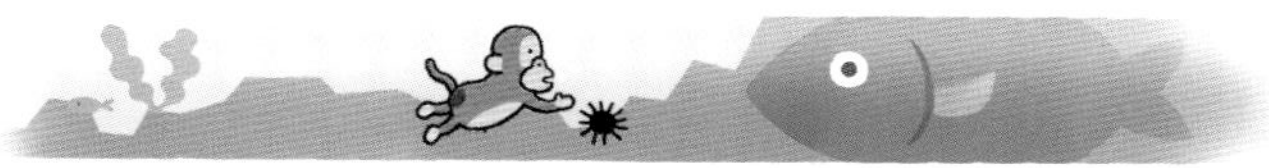

きほん

書いてみましょう

月　　日

1つ5点

10分

／100点

① ごちそうを［いただ］く。

② ［けんちょう］所在地

③ 山の［いただき］に着く。

④ ［まんちょう］の時刻。

⑤ ［いちょうやく］を飲む。

⑥ ［くつう］にたえる。

⑦ 歯がずきずきと［いた］む。

⑧ 案を［けんとう］する。

⑨ ［きょうてき］と対戦する。

⑩ 投票で［とうしゅ］を選ぶ。

⑪ 町が［はってん］する。

⑫ バスの［うんちん］。

⑬ 山の［ちょうじょう］まで登る。

⑭ ［たかしお］に警かいする。

⑮ 世間の［ふうちょう］。

⑯ ［てきい］をいだく。

⑰ 頭が［いた］い。

⑱ 料理に［さとう］を使う。

⑲ アパートの［やちん］。

⑳ おかの［てんぼうだい］。

はってん

やってみましょう 13

月　日

10分　／100点

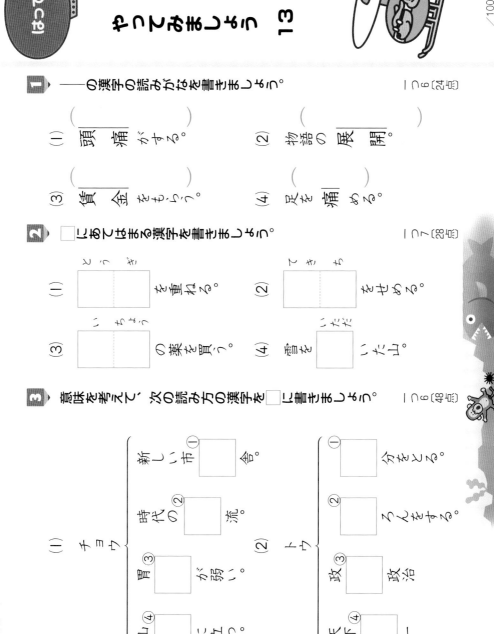

1 ――の漢字の読みがなを書きましょう。　一つ6〔24点〕

(1) 頭痛（　　）がする。

(2) 物語の展開（　　）。

(3) 賃金（　　）をもらう。

(4) 足を痛（　　）める。

2 □にあてはまる漢字を書きましょう。　一つ7〔28点〕

(1) □□（とうぎ）を重ねる。

(2) □□（てきち）をせめる。

(3) □□（いちょう）の薬を買う。

(4) 雪を□（いただ）いた山。

3 意味を考えて、次の読み方の漢字を□に書きましょう。　一つ6〔48点〕

(1) チョウ
- 新しい市①□舎。
- 時代の②□流。
- 胃③□が弱い。
- 山④□に立つ。

(2) トウ
- ①□分をとる。
- ②□ろんをする。
- 政③□政治
- 天下④□一

答えは82ページ

筆順 1 2 3 4 5　まちがえやすいところ…

…まちがえやすい漢字

漢字	読み方	画数	部首	言葉
届	とどける・とどく	8画	尸 かばね	届(とど)け出(で)・耳(みみ)に届(とど)く
難	ナン・(かたい)・むずかしい	18画	隹 ふるとり	難問(なんもん)・難(むずか)しい問題(もんだい)
乳	ニュウ・ちち・(ち)	8画	し おつ	牛乳(ぎゅうにゅう)・乳(ちち)しぼり
認	(ニン)・みとめる	14画	言 ごんべん	努力(どりょく)を認(みと)める
納	ノウ・(ナッ)・(ナ・ナン・トウ)・おさめる・おさまる	10画	糸 いとへん	収納(しゅうのう)・税(ぜい)を納(おさ)める
脳	ノウ・―	11画	月 にくづき	首脳(しゅのう)・頭脳(ずのう)
派	ハ・―	9画	氵 さんずい	派生(はせい)・流派(りゅうは)
拝	ハイ・おがむ	8画	扌 てへん	拝見(はいけん)・地蔵(じぞう)を拝(おが)む
背	ハイ・せ・せい・(そむく・そむける)	9画	肉(月) にく	背景(はいけい)・背中(せなか)
肺	ハイ・―	9画	月 にくづき	肺活量(はいかつりょう)・人間(にんげん)の肺(はい)

練習

きほん

読んでみましょう

月　日

1つ5点

10分　／100点

① あやまちを認（　）める。

② 算数の難問（　）を解く。

③ 祖母から手紙が届（　）く。

④ 肺（　）で呼吸する。

⑤ 難（　）しい内容の本。

⑥ 牛乳（　）を飲む。

⑦ 月謝を納（　）める。

⑧ 背景（　）に山をえがく。

⑨ やぎの乳（　）をしぼる。

⑩ 人間の頭脳（　）。

⑪ わすれ物を届（　）ける。

⑫ 仏教の宗派（　）。

⑬ 各国の首脳（　）が集まる。

⑭ 庭を拝見（　）する。

⑮ 背骨（　）をのばす。

⑯ 納税（　）の義務がある。

⑰ 初日の出を拝（　）む。

⑱ 母乳（　）で育てる。

⑲ 兄と背比（　）べをする。

⑳ 派手（　）な色の服。

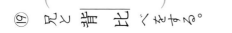

きほん

書いてみましょう

月　日

1つ5点

10分

／100点

① あやまちを□(みと)める。

② 算数の□□(なんもん)を解く。

③ 祖母から手紙が□(とど)く。

④ □(はい)で呼吸する。

⑤ □(むずか)しい内容の本。

⑥ □□(ぎゅうにゅう)を飲む。

⑦ 月謝を□(おさ)める。

⑧ □□(はいけい)に山をえがく。

⑨ やぎの□(ちち)をしぼる。

⑩ 人間の□□(ずのう)。

⑪ わすれ物を□(とど)ける。

⑫ 仏教の□□(しゅうは)。

⑬ 各国の□□(しゅのう)が集まる。

⑭ 庭を□□(はいけん)する。

⑮ □□(せぼね)をのばす。

⑯ □□(のうぜい)の義務がある。

⑰ 初日の出を□(おが)む。

⑱ □□(ぼにゅう)で育てる。

⑲ 兄と□□(せいくら)(せ)べをする。

⑳ □□(はで)な色の服。

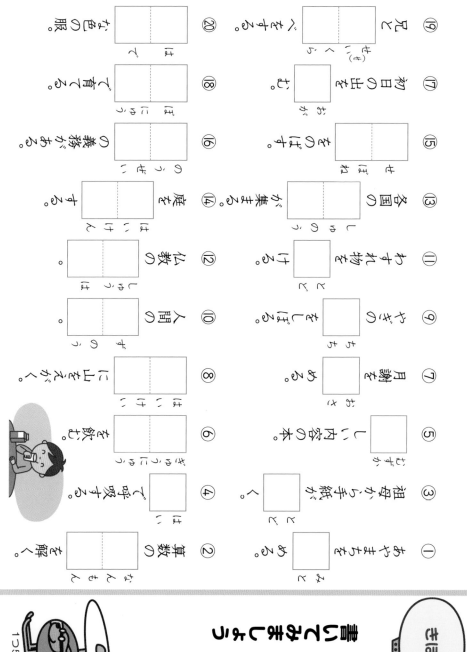

はってん

やってみましょう 14

月　日

10分　／100点

1 ――の漢字の読みがなを書きましょう。　一つ6〔24点〕

(1) 苦難（　　）を乗りこえる。

(2) 授業料を納入（　　）する。

(3) 背後（　　）にまわる。

(4) 茶（さ）道の流派（　　）。

2 □にあてはまる漢字を書きましょう。　一つ7〔28点〕

(1) 負けを□（みと）める。

(2) 大□（のう）の働き。

(3) 牛の□（ちち）しぼり。

(4) □□□（はいかつりょう）が多い。

3 形に気をつけて、□にあてはまる漢字を書きましょう。　一つ6〔24点〕

(1) ノウ　①□波の測定。　②□業を営む。

(2) ハイ　①□の中の空気。　②写真を□見する。

4 次の送りがなの付く漢字を▢から選び、□に書きましょう。　一つ6〔24点〕

(1) □む

(2) □しい

(3) □ける

(4) □まる

拝　届　難　納

答えは83ページ

…まちがえやすい漢字

筆順 1 2 3 4 5 まちがえやすいところ…

漢字	読み方	画数	部首	言葉
俳	ハイ —	10画	イ にんべん	俳句（はいく）・俳優（はいゆう）
班	ハン —	10画	王 おうへん	救護班（きゅうごはん）・班長（はんちょう）
晩	バン — 	12画	日 ひへん	朝晩（あさばん）・晩ご飯（ばんごはん）
否	ヒ （いな）	7画	口 くち	安否（あんぴ）・否定（ひてい）
批	ヒ —	7画	扌 てへん	批判（ひはん）・批評（ひひょう）
秘	ヒ （ひめる）	10画	禾 のぎへん	神秘（しんぴ）・秘境（ひきょう）
俵	ヒョウ たわら 	10画	イ にんべん	土俵（どひょう）・米俵（こめだわら）
腹	フク はら	13画	月 にくづき	空腹（くうふく）・腹（はら）が立（た）つ
奮	フン ふるう	16画	大 だい	興奮（こうふん）・勇気（ゆうき）を奮（ふる）う
並	（ヘイ） なみ・ならべる ならぶ ならびに	8画	一 いち	並木（なみき）・列（れつ）に並（なら）ぶ

練習

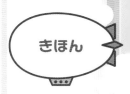

きほん

読んでみましょう

月　日

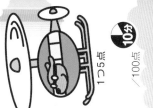

10分

1つ5点

／100点

① 五つの班に分かれる。（　　）

② 俳句をよむ。（　　）

③ 朝晩が寒い季節。（　　）

④ うわさを否定する。（　　）

⑤ 山おくの秘境。（　　）

⑥ 政治を批判する。（　　）

⑦ すもうの土俵。（　　）

⑧ 二列に並ぶ。（　　）

⑨ 腹を立てる。（　　）

⑩ 興奮して話す。（　　）

⑪ 案についての賛否。（　　）

⑫ 米俵を積む。（　　）

⑬ 秘蔵の刀。（　　）

⑭ 班長になる。（　　）

⑮ 絵に対する批評。（　　）

⑯ 桜の並木道。（　　）

⑰ 毎晩十時にねる。（　　）

⑱ 俳ゆうを目指す。（　　）

⑲ 勇気を奮う。（　　）

⑳ 腹痛が起きる。（　　）

きほん

書いてみましょう

月　　日

1つ5点

10分

／100点

① 五つの□（はん）に分かれる。

② □（はいく）をよむ。

③ □（あさばん）が寒い季節。

④ うわさを□（ひてい）する。

⑤ 山おくの□（ひきょう）。

⑥ 政治を□（ひはん）する。

⑦ すもうの□（どひょう）。

⑧ 二列に□（なら）ぶ。

⑨ □（はら）を立てる。

⑩ □（こうふん）して話す。

⑪ 案についての□（さんぴ）。

⑫ □（こめだわら）を積む。

⑬ □（ひぞう）の刀。

⑭ □（はんちょう）になる。

⑮ 絵に対する□（ひひょう）。

⑯ 桜の□（なみきみち）。

⑰ □（まいばん）十時にねる。

⑱ □（はい）ゆうを目指す。

⑲ 勇気を□（ふる）う。

⑳ □（ふくつう）が起きる。

はってん

やってみましょう 15

月　日

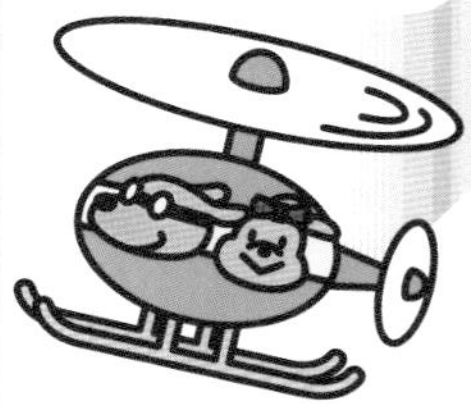

10分　／100点

1 ――の漢字の読みがなを書きましょう。 一つ6〔24点〕

(1) 自分を奮（　　）い立たせる。

(2) 奮起（　　）して行動する。

(3) 皿を並（　　）べる。

(4) 班長（　　）を選ぶ。

2 □にあてはまる漢字を書きましょう。 一つ7〔28点〕

(1) わき□（ばら）が痛む。

(2) □□□（しんぴてき）な色の湖。

(3) 有名な□（はい）ゆう。

(4) 議案を□□（ひけつ）する。

3 形に気をつけて、□にあてはまる漢字を書きましょう。 一つ6〔48点〕

(1) ①山の中□（ふく）まで登る。 ②元気が回□（ふく）する。

(2) ①感情を□（ひょう）現する。 ②土□（ひょう）に上がる。

(3) ①大きさに□（ひ）例する。 ②政策を□（ひ）判する。

(4) ①□（ばん）ご飯（はん） ②おそくまで□（べん）強する。

答えは83ページ

筆順 1 2 3 4 5 まちがえやすいところ…

…まちがえやすい漢字

漢字	読み方	画数	部首	言葉	練習
陛	ヘイ	10画	阝 こざとへん	天皇陛下(てんのうへいか)・陛下(へいか)	陛
閉	ヘイ / とじる・(とざす) / しめる・しまる	11画	門 もんがまえ	閉店(へいてん)・目(め)を閉(と)じる	閉
片	(ヘン) / かた	4画	片 かた	片側(かたがわ)・片方(かたほう)	片
補	ホ / おぎなう	12画	衤 ころもへん	補助(ほじょ)・説明(せつめい)を補(おぎな)う	補
暮	(ボ) / くれる・くらす	14画	日 ひ	夕暮(ゆうぐ)れ・昔(むかし)の暮(く)らし	暮
宝	ホウ / たから	8画	宀 うかんむり	宝石(ほうせき)・宝物(たからもの)	宝
訪	ホウ / (おとずれる) / たずねる	11画	言 ごんべん	訪問(ほうもん)・家(いえ)を訪(たず)ねる	訪
亡	ボウ・(モウ) / (ない)	3画	亠 なべぶた	死亡(しぼう)・存亡(そんぼう)	亡
忘	(ボウ) / わすれる	7画	心 こころ	宿題(しゅくだい)を忘(わす)れる	忘
棒	ボウ / ―	12画	木 きへん	鉄棒(てつぼう)・棒(ぼう)グラフ	棒

きほん

読んでみましょう

月　日

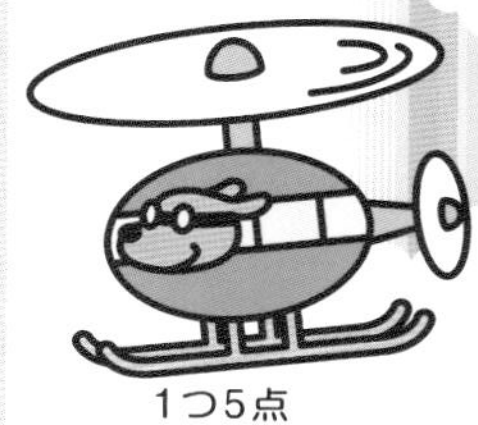

1つ5点

10分　／100点

① 本を閉じる。（　　）

② 天皇陛下（　　）

③ 水分を補う。（　　）

④ 閉店の時間。（　　）

⑤ ドアを閉める。（　　）

⑥ 片道のきっぷを買う。（　　）

⑦ 日が暮れる。（　　）

⑧ 説明を補足する。（　　）

⑨ おにに金棒。（　　）

⑩ 美しい宝石。（　　）

⑪ 死亡事故をなくす。（　　）

⑫ 友達の住所を忘れる。（　　）

⑬ 先生の家を訪ねる。（　　）

⑭ 自分の宝物。（　　）

⑮ 鉄棒にぶら下がる。（　　）

⑯ 女王陛下（　　）

⑰ 町で長く暮らす。（　　）

⑱ 家庭訪問の日。（　　）

⑲ 道路の片側を歩く。（　　）

⑳ 外国に亡命する。（　　）

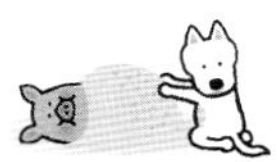

きほん

書いてみましょう

月　　日

1つ5点

10分　／100点

① 本を［と］じる。

② 天皇［へいか］

③ 水分を［おぎな］う。

④ ［へいてん］の時間。

⑤ ドアを［し］める。

⑥ ［かたみち］のきっぷを買う。

⑦ 日が［く］れる。

⑧ 説明を［ほそく］する。

⑨ おにに［かなぼう］。

⑩ 美しい［ほうせき］。

⑪ ［しぼう］事故をなくす。

⑫ 友達の住所を［わす］れる。

⑬ 先生の家を［たず］ねる。

⑭ 自分の［たからもの］。

⑮ ［てつぼう］にぶら下がる。

⑯ 女王［へいか］

⑰ 町で長く［く］らす。

⑱ 家庭［ほうもん］の日。

⑲ 道路の［かたがわ］を歩く。

⑳ 外国に［ぼうめい］する。

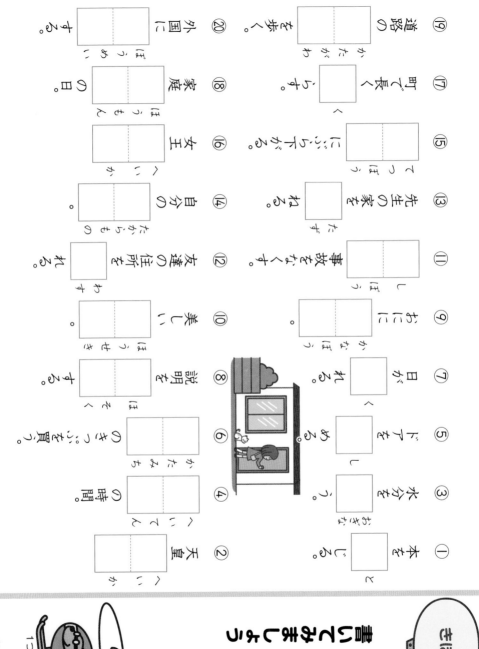

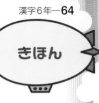

はってん

やってみましょう 16

月　日

10分　／100点

1 ——の漢字の読みがなを書きましょう。　一つ6〔24点〕

(1) 校舎の補修工事。（　　）

(2) 説明を補う。（　　）

(3) 宿題を忘れる。（　　）

(4) 北海道を訪ねる。（　　）

2 □にあてはまる漢字を書きましょう。　一つ7〔28点〕

(1) □□（めんぼう）を使う。

(2) □□（かたあし）で立つ。

(3) □□（そんぼう）の危機。

(4) 電車のドアが□（し）まる。

3 次の漢字の部首を選び、○で囲みましょう。　一つ6〔24点〕

(1) 忘｛亠・心｝

(2) 訪｛言・方｝

(3) 暮｛艹・日｝

(4) 宝｛宀・王｝

4 意味を考えて、次の読み方の漢字を□に書きましょう。　一つ6〔24点〕

(1) ボウ
① □れいが出る。
② □グラフ

(2) ヘイ
① 皇后□下
② □会式

答えは83ページ

筆順 1 2 3 4 5 まちがえやすいところ…

…まちがえやすい漢字

漢字	読み方	画数	部首	言葉	練習
枚	マイ / —	8画	木 きへん	一枚（いちまい）・枚数（まいすう）	枚
幕	マク・バク / —	13画	巾 はば	開幕（かいまく）・幕府（ばくふ）	幕
密	ミツ / —	11画	宀 うかんむり	秘密（ひみつ）・密度（みつど）	密
盟	メイ / —	13画	皿 さら	同盟（どうめい）・連盟（れんめい）	盟
模	モ・ボ / —	14画	木 きへん	模型（もけい）・規模（きぼ）	模
訳	ヤク / わけ	11画	言 ごんべん	通訳（つうやく）・言い訳（いいわけ）	訳
郵	ユウ / —	11画	阝 おおざと	郵送（ゆうそう）・郵便局（ゆうびんきょく）	郵
優	ユウ / （やさしい）（すぐれる）	17画	亻 にんべん	俳優（はいゆう）・優勝（ゆうしょう）	優
預	ヨ / あずける あずかる	13画	頁 おおがい	預金（よきん）・本を預ける（ほんをあずける）	預
幼	ヨウ / おさない	5画	幺 よう	幼児（ようじ）・幼なじみ（おさななじみ）	幼

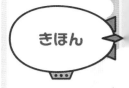

きほん

読んでみましょう

月　日

1つ5点

10分　／100点

① 江戸（えど）に幕府を開く。（　　）

② 船の模型を作る。（　　）

③ 住宅が密集する。（　　）

④ テスト用紙の枚数。（　　）

⑤ 泣いた訳を話す。（　　）

⑥ 密林の中を歩く。（　　）

⑦ 荷物を預かる。（　　）

⑧ 同盟関係にある国。（　　）

⑨ 英語の日本語訳。（　　）

⑩ 郵便局に行く。（　　）

⑪ 水玉模様の服。（　　）

⑫ 幕末のころ。（　　）

⑬ 銀行に預金する。（　　）

⑭ 幼いころの写真。（　　）

⑮ 幼児向けの本。（　　）

⑯ 大会で優勝する。（　　）

⑰ 国連に加盟する。（　　）

⑱ 荷物を郵送する。（　　）

⑲ ぶたいの幕が上がる。（　　）

⑳ 大規模な工事。（　　）

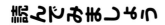

きほん

書いてみましょう

月　日

1つ5点

10分

／100点

① 江戸（えど）に［ばくふ］を開く。

② 船の［もけい］を作る。

③ 住宅が［みっしゅう］する。

④ テスト用紙の［まいすう］。

⑤ 泣いた［わけ］を話す。

⑥ ［みつりん］の中を歩く。

⑦ 荷物を［あず］かる。

⑧ ［どうめい］関係にある国。

⑨ 英語の日本語［やく］。

⑩ ［ゆうびんきょく］に行く。

⑪ 水玉［もよう］の服。

⑫ ［ばくまつ］のころ。

⑬ 銀行に［よきん］する。

⑭ ［おさな］いころの写真。

⑮ ［ようじ］向けの本。

⑯ 大会で［ゆうしょう］する。

⑰ 国連に［かめい］する。

⑱ 荷物を［ゆうそう］する。

⑲ ぶたいの［まく］が上がる。

⑳ ［だいきぼ］な工事。

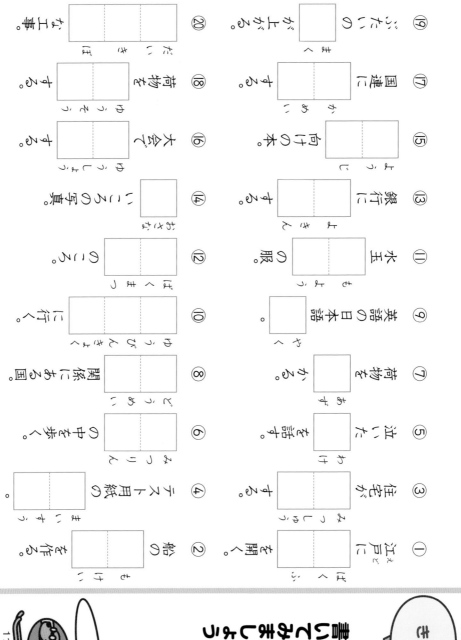

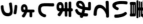

はってん

やってみましょう 17

月　日

／100点　10分

1 ――の漢字の読みがなを書きましょう。　一つ6〔24点〕

(1) しばいの幕（　）が下りる。

(2) 紙を二百枚（　）使う。

(3) 貴重品を預（　）ける。

(4) 盟約（　）を結ぶ。

2 □にあてはまる漢字を書きましょう。　一つ7〔28点〕

(1) □□（ゆうい）に立つ。

(2) □（おさな）い子ども。

(3) □（も）ぎ試験を受ける。

(4) □□（ようしょう）のころ。

3 次の画数の漢字を⬚から選んで、□に書きましょう。　一つ6〔24点〕

(1) 11画　□　□

(2) 13画　□　□

密　幕　預　訳

4 意味を考えて、次の読み方の漢字を□に書きましょう。　一つ6〔24点〕

(1) ボ　①規□の大きな店。　②寺にある□地。

(2) ユウ　①□便物が届く。　②□待する。

筆順 1 2 3 4 5 まちがえやすいところ…

…まちがえやすい漢字

漢字	欲	翌	乱	卵	覧	裏	律	臨	朗	論
読み方	ヨク（ほっする）（ほしい）	ヨク —	ラン みだれる みだす	（ラン） たまご 	ラン —	（リ） うら	リツ・（リチ） —	リン （のぞむ）	ロウ （ほがらか）	ロン —
画数	11画	11画	7画	7画	17画	13画	9画	18画	10画	15画
部首	欠 あくび	羽 はね	し おつ	卩 わりふ	見 みる	衣 ころも	彳 ぎょうにんべん	臣 しん	月 つき	言 ごんべん
筆順										
言葉	食欲（しょくよく）・欲張る（よくばる）	翌月（よくげつ）・翌日（よくじつ）	混乱（こんらん）・列（れつ）を乱す（みだす）	生卵（なまたまご）・ゆで卵（たまご）	一覧（いちらん）・展覧会（てんらんかい）	裏返す（うらがえす）・裏口（うらぐち）	一律（いちりつ）・法律（ほうりつ）	臨機応変（りんきおうへん）・臨時（りんじ）	朗読（ろうどく）・朗報（ろうほう）	結論（けつろん）・論文（ろんぶん）
練習	欲	翌	乱	卵	覧	裏	律	臨	朗	論

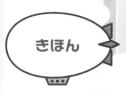

きほん

読んでみましょう

月　日

1つ5点

10分　／100点

① 欲張りな人。（　）

② 頭が混乱する。（　）

③ にわとりの卵。（　）

④ 絵の展覧会。（　）

⑤ 裏道に入る。（　）

⑥ 雨の降った翌日。（　）

⑦ 明朗な女の子。（　）

⑧ 規律を守る。（　）

⑨ 臨海学校（　）

⑩ 列車のダイヤが乱れる。（　）

⑪ 討論を行う。（　）

⑫ 法律を定める。（　）

⑬ 裏通りを歩く。（　）

⑭ 臨時列車が走る。（　）

⑮ 参加者の一覧。（　）

⑯ 本を朗読する。（　）

⑰ 食欲がおうせいだ。（　）

⑱ 結論を出す。（　）

⑲ 列を乱さない。（　）

⑳ 卵焼きを作る。（　）

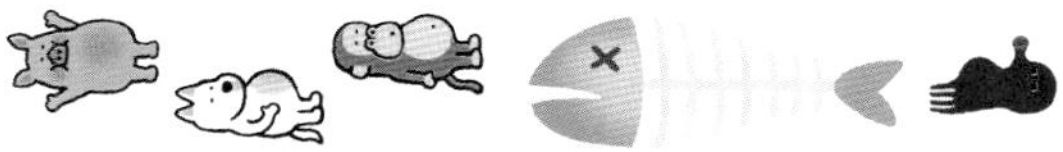

きほん

書いてみましょう

月　日

1つ5点

10分

／100点

①　［よくば］りな人。

②　頭が［こんらん］する。

③　にわとりの［たまご］。

④　絵の［てんらんかい］。

⑤　［うらみち］に入る。

⑥　雨の降った［よくじつ］。

⑦　［めいろう］な女の子。

⑧　［きりつ］を守る。

⑨　［りんかい］学校

⑩　列車のダイヤが［みだ］れる。

⑪　［とうろん］を行う。

⑫　［ほうりつ］を定める。

⑬　［うらどお］りを歩く。

⑭　［りんじ］列車が走る。

⑮　参加者の［いちらん］。

⑯　本を［ろうどく］する。

⑰　［しょくよく］がおうせいだ。

⑱　［けつろん］を出す。

⑲　列を［みだ］さない。

⑳　［たまごや］きを作る。

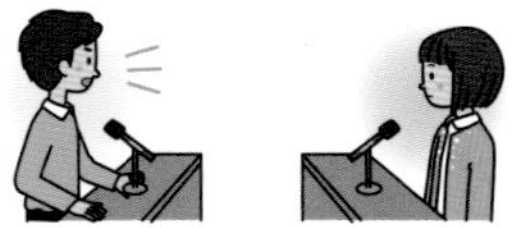

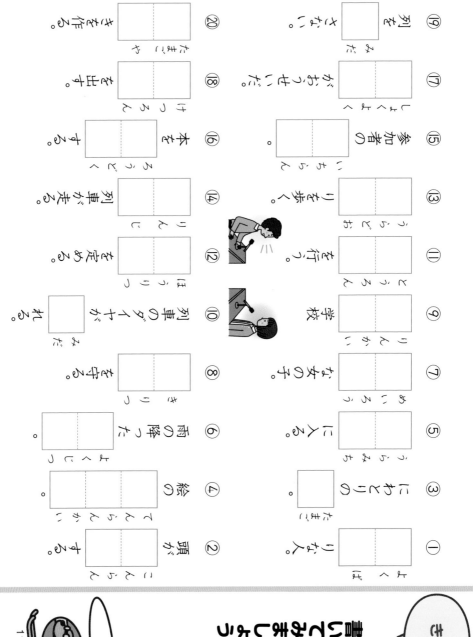

はってん

やってみましょう 18

月　日

10分　／100点

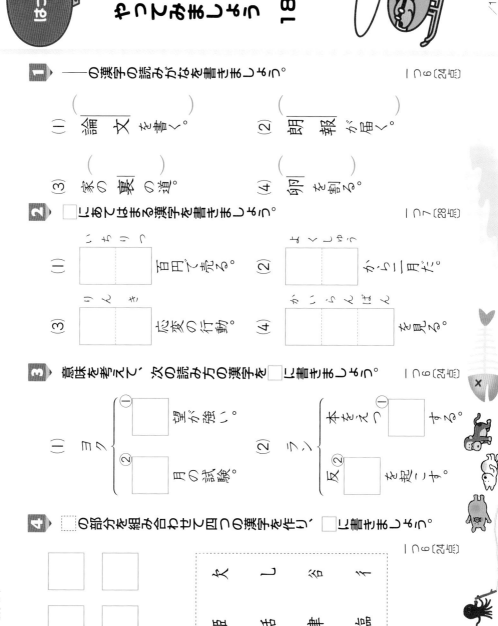

1 ──の漢字の読みがなを書きましょう。　一つ6〔24点〕

(1) 論文（　　）を書く。

(2) 朗報（　　）が届く。

(3) 家の裏（　　）の道。

(4) 卵（　　）を割る。

2 □にあてはまる漢字を書きましょう。　一つ7〔28点〕

(1) □□（いちりつ）百円で売る。

(2) □□（よくしゅう）から二月だ。

(3) □□（りんき）応変の行動。

(4) □□□（かいらんばん）を見る。

3 意味を考えて、次の読み方の漢字を□に書きましょう。　一つ6〔24点〕

(1) ヨク
① □望が強い。
② □月の試験。

(2) ラン
① 本をえつ□する。
② 反□を起こす。

4 ⬚の部分を組み合わせて四つの漢字を作り、□に書きましょう。　一つ6〔24点〕

□ □
□ □

欠　し　谷　亻
臣　舌　聿　品

答えは83ページ

はってん

六年生のまとめ 書いてみましょう 1

月　日

1つ5点

10分　／100点

・〜〜〜は、漢字とひらがなで書きましょう。

① □□□（いちょうやく）を飲む。

② □（われ）に返る。

③ 草花の□（かぶ）を分ける。

④ 火山□（ばい）

⑤ □□（うちゅう）へ飛び立つ。

⑥ 物語の□□（げかん）を読む。

⑦ 写真を□□（かくだい）する。

⑧ □□（こうごう）様

⑨ □□（ちいき）の集まり。

⑩ □□（かんちょう）の海。

⑪ 大きな□□（かんばん）。

⑫ □□（かんけつ）に書く。

⑬ □□（いこつ）をほうむる。

⑭ □□□（しきぼう）をふる。

⑮ □□（きょうど）をなつかしむ。

⑯ 町の□□（えんかく）を調べる。

⑰ 湖に雲が〔　　〕（うつる）。

⑱ 岩場は〔　　〕（あぶない）。

⑲ 試合が〔　　〕（のびる）。

⑳ 茶わんが〔　　〕（われる）。

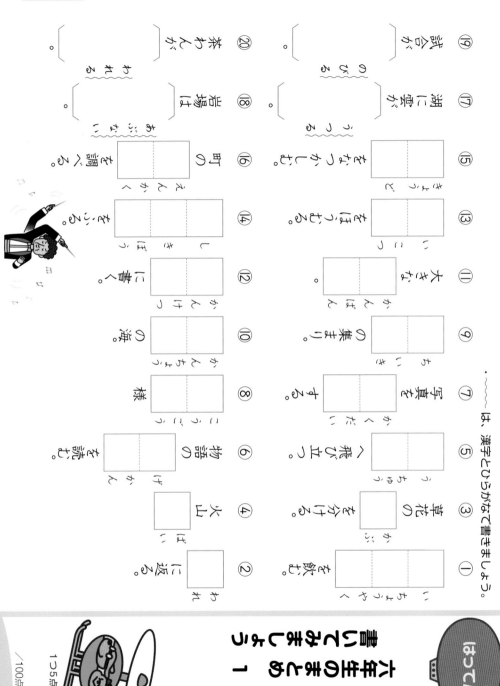

はってん

六年生のまとめ　2
書いてみましょう

月　日

1つ5点

10分

／100点

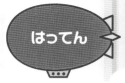

・〰〰は、漢字とひらがなで書きましょう。

① （せすじ）をのばす。

② （きょうちゅう）を語る。

③ （すんげき）を演じる。

④ 親（ふこう）をしない。

⑤ （きぬいと）で織る。

⑥ 同じ（けいれつ）の会社。

⑦ 深く（こきゅう）する。

⑧ 西洋の（きぞく）。

⑨ （ごかい）をとく。

⑩ フランスの（けんぽう）。

⑪ （げんみつ）な区別。

⑫ （そんけい）語を使う。

⑬ 食事は力の（げんせん）だ。

⑭ 試合が（げきせん）になる。

⑮ （ちょさくけん）を守る。

⑯ （けいしちょう）の建物。

⑰ けんかを〔さばく〕。

⑱ 目を〔うたがう〕。

⑲ 仏に花を〔そなえる〕。

⑳ 役所に〔つとめる〕。

答えは83ページ

はってん

六年生のまとめ　3
書いてみましょう

月　　日

1つ5点

10分

／100点

・〰〰 は、漢字とひらがなで書きましょう。

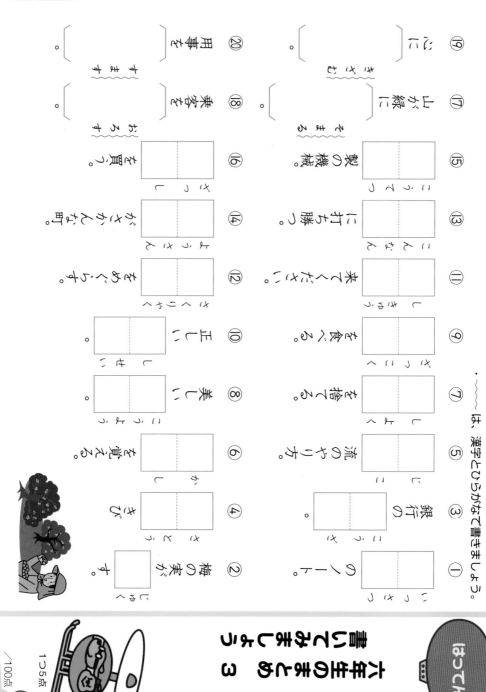

① □□（いっさつ）のノート。

② 梅の実が□（じゅく）す。

③ 銀行の□□（こうざ）。

④ □□（さとう）きび

⑤ □□（じこ）流のやり方。

⑥ □□（かし）を覚える。

⑦ □□（しょく）を捨てる。

⑧ 美しい□□（こうよう）。

⑨ □□（ざっこく）を食べる。

⑩ 正しい□□（しせい）。

⑪ □□（しきゅう）来てください。

⑫ □□（さくりゃく）をめぐらす。

⑬ □□（こんなん）に打ち勝つ。

⑭ □□（ようさん）がさかんな町。

⑮ □□（こうてつ）製の機械。

⑯ □□（ざっし）を買う。

⑰ 山が緑に（そまる）〔　　　〕。

⑱ 乗客を（おろす）〔　　　〕。

⑲ 心に（きざむ）〔　　　〕。

⑳ 用事を（すます）〔　　　〕。

答えは84ページ

はってん

六年生のまとめ 4 書いてみましょう

月　日

1つ5点

10分

／100点

・〰〰 は、漢字とひらがなで書きましょう。

① 消防（しょちょう）に会う。

② 新市長に（しゅうにん）する。

③ （わかば）の季節。

④ 世界の（しょもんだい）。

⑤ （らんぼう）な字。

⑥ 大（かんしゅう）の声えん。

⑦ 仏教の（しゅうは）。

⑧ 服を（しゅうのう）する家具。

⑨ 地図の（しゅくしゃく）。

⑩ 転んで（けいしょう）を負う。

⑪ （じゅんじょう）な人。

⑫ （かじゅえん）が見える。

⑬ 方位（じしん）

⑭ 江戸（えど）時代の（しょうぐん）。

⑮ 文化を（でんしょう）する。

⑯ 農業を（せんもん）に学ぶ。

⑰ 宿題を（わすれる）。

⑱ 幕を（たらす）。

⑲ 不安を（のぞく）。

⑳ 顔を（あらう）。

答えは84ページ

はってん

六年生のまとめ　5
書いてみましょう

月　　日

1つ5点

10分

／100点

・～～～は、漢字とひらがなで書きましょう。

① 平和を［せんげん］する。

② ［めも］りを読む。

③ 父の考えを［すいそく］する。

④ ［ないかく］を支持する。

⑤ ［しょうがい］を取り除く。

⑥ 物語を［そうさく］する。

⑦ みんなで［がっそう］する。

⑧ ［しゃそう］の景色。

⑨ ［ちゅうせい］をちかう。

⑩ ［じんあい］の精神。

⑪ ［こうそう］建築

⑫ 寺の［ひぞう］の仏画。

⑬ ［おん］返しをする。

⑭ ［じょうき］機関車

⑮ 登山の［そうび］。

⑯ 胸にある［はいぞう］。

⑰ 料理を～いただく～〔　　〕。

⑱ 部屋を～あたためる～〔　　〕。

⑲ 荷物が～とどく～〔　　〕。

⑳ 紙くずを～すてる～〔　　〕。

はってん

六年生のまとめ　6
書いてみましょう

月　日

1つ5点

10分　／100点

・〰〰は、漢字とひらがなで書きましょう。

① □□（にゅうぎゅう）を飼う。

② □□（はいゆう）を目指す。

③ □□（たんじょう）祝い

④ 物の□□（ねだん）が上がる。

⑤ □□（たからさが）し

⑥ 長時間□□（とうろん）する。

⑦ 相手に□□（ぜんしょ）を望む。

⑧ □□□（てんらんかい）へ行く。

⑨ 新しい□□（せいとう）。

⑩ 新築の□□（じゅうたく）。

⑪ □□（ふくつう）が治る。

⑫ 英語を□□（つうやく）する。

⑬ 国の□□（そんぼう）に関わる。

⑭ 電車の□□（うんちん）。

⑮ 人間の□□（だいのう）。

⑯ そうじを□□（ぶんたん）する。

⑰ 気力を（ふるう）。

⑱ 一歩（しりぞく）。

⑲ 机を（ならべる）。

⑳ 神様を（おがむ）。

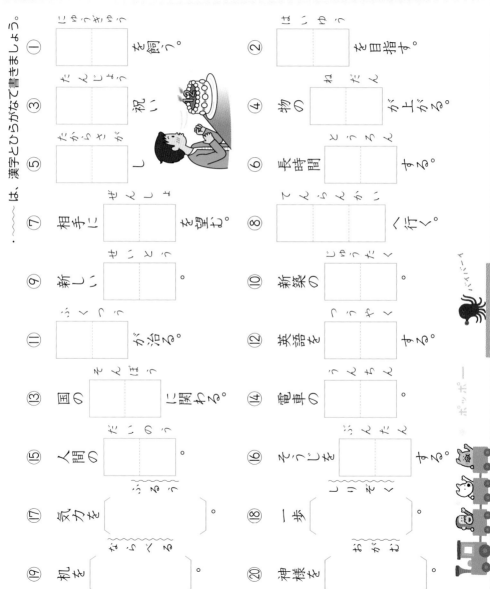

答えは84ページ

はってん

六年生のまとめ 7 書いてみましょう

月　日

1つ5点

10分

／100点

・〜〜〜は、漢字とひらがなで書きましょう。

① □□（かたて）で荷物を持つ。

② かえるの□（たまご）。

③ □□（よくばん）は雨になった。

④ □□（あんぴ）を気づかう。

⑤ 航空機を□□（そうじゅう）する。

⑥ □□（いちまい）のはがき。

⑦ 組合に□□（かめい）する。

⑧ 家の□□（うらにわ）。

⑨ 絵画を□□（もしゃ）する。

⑩ □□（ゆうびん）切手

⑪ □□（きりつ）を守る。

⑫ □□（りんかい）学校

⑬ 作品を□□（ひひょう）する。

⑭ 国王□□（へいか）

⑮ 大会が□□（へいまく）する。

⑯ □□（ろうほう）が届く。

⑰ 友達を〔　　〕（たずねる）。

⑱ 不足分を〔　　〕（おぎなう）。

⑲ 都会で〔　　〕（くらす）。

⑳ 考え方が〔　　〕（おさない）。

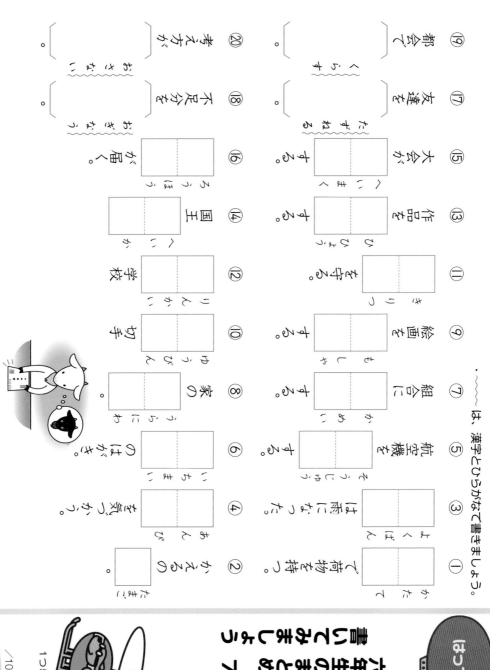

答え

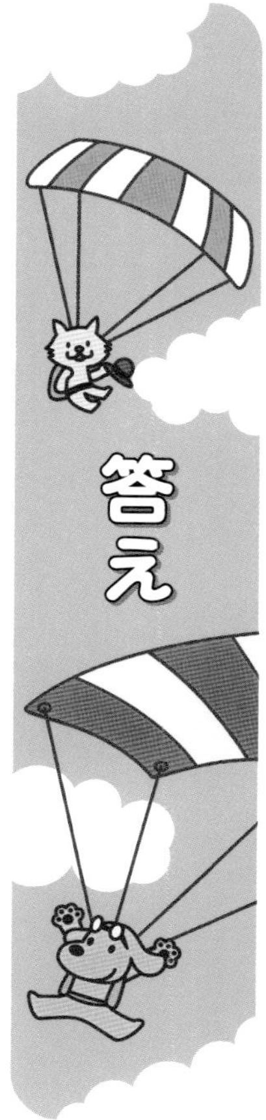

◇〈読んでみましょう〉の答えは〈書いてみましょう〉に、
〈書いてみましょう〉の答えは〈読んでみましょう〉にあります。

やってみましょう 1　5ページ

1 (1)こと　(2)えんちょう
(3)いしょ　(4)おんがえ

2 (1)映　(2)沿岸　(3)我　(4)映像

3 (1)①域　②減　(2)①育　②胃

4 (1)宇・灰　(2)延・沿

やってみましょう 2　9ページ

1 (1)わ　(2)やくわり　(3)かん
(4)うめぼ

2 (1)危機　(2)第二巻　(3)巻紙
(4)革新

3 (1)①革　②閣　(2)①看　②簡

4 (1)①株　②机　(2)①拡　②採

やってみましょう 3　13ページ

1 (1)かけい　(2)しゅっきん
(3)こきょう　(4)すじみち

2 (1)疑　(2)供　(3)吸　(4)度胸

3 貴・勤・揮・敬

4 疑・供・吸・胸

やってみましょう 4　17ページ

1 (1)はげ　(2)げきだん　(3)あな
(4)きぬおりもの

2 (1)源　(2)警報　(3)厳　(4)定期券

3 (1)氵　(2)糸　(3)木　(4)心

4 (1)①源　②厳　(2)①己　②個

やってみましょう 5　21ページ

1 (1)ほねぐ　(2)こうたいごう
(3)お　(4)こうよう

2 (1)孝行　(2)誤解　(3)深刻　(4)呼

3 (1)紅・皇　(2)降・骨

4 鋼・誤・刻・穀

やってみましょう 6　25ページ

1 (1)こん　(2)せいざ　(3)せいさく
(4)ようさんぎょう

2 (1)済　(2)砂金　(3)裁　(4)小冊子

3 (1)①私 ②至 (2)①済 ②裁

4 (1)口 (2)广 (3)⺮ (4)虫

やってみましょう 7 29ページ

1 (1)じゃく (2)じゅもく (3)おさ (4)しゅうにゅう

2 (1)射 (2)雑誌 (3)捨 (4)動詞

3 磁・姿・若・誌・詞・射・捨・視

やってみましょう 8 33ページ

1 (1)ちぢ (2)たんしゅく (3)したが (4)かいしゅう

2 (1)縦横 (2)処理 (3)諸島 (4)縦

3 (1)①熟 ②熱 (2)①署 ②暑

4 (1)従・純 (2)就・衆

やってみましょう 9 37ページ

1 (1)はり (2)しんろ (3)いっすん (4)ぶしょう

2 (1)除夜 (2)垂 (3)蒸発 (4)承服

3 (1)①除 ②障 (2)①傷 ②仁

4 (1)①垂 ②推 (2)①傷 ②障

やってみましょう 10 41ページ

1 (1)せんとう (2)そ (3)せい (4)せんめんき

やってみましょう 11 45ページ

1 (1)まど (2)しゃそう (3)そうさく (4)つく

2 (1)地蔵 (2)高層 (3)心臓 (4)保存

3 (1)①奏 ②装 ③層 ④操 (2)①蔵 ②臓 (3)①存 ②尊

やってみましょう 12 49ページ

1 (1)ちょしょ (2)あたた (3)しりぞ (4)たいいん

2 (1)段落 (2)生誕 (3)宙返 (4)分担

3 (1)①探 ②深 (2)①値 ②植 (3)①宙 ②宅 (4)①忠 ②志

やってみましょう 13 53ページ

1 (1)ずつう (2)てんかい (3)ちんぎん (4)いた

2 (1)討議 (2)敵地 (3)胃腸 (4)頂

3 (1)①庁 ②潮 ③腸 ④頂 (2)①糖 ②討 ③党 ④統

2 (1)舌 (2)山盛 (3)善 (4)専業

3 善・盛・泉・専

4 宣・洗・染

やってみましょう 14

57ページ

1 (1)くなん (2)のうにゅう (3)はいご (4)りゅうは

2 (1)認 (2)脳 (3)乳 (4)肺活量

3 (1)①脳 ②農 (2)①肺 ②拝

4 (1)拝 (2)難 (3)届 (4)納

やってみましょう 15

61ページ

1 (1)ふる (2)ふんき (3)なら (4)はんちょう

2 (1)腹 (2)神秘的 (3)俳 (4)否決

3 (1)①腹 ②復 (2)①表 ②俵 (3)①比 ②批 (4)①晩 ②勉

やってみましょう 16

65ページ

1 (1)ほしゅう (2)おぎな (3)わす (4)たず

2 (1)綿棒 (2)片足 (3)存亡 (4)閉

3 (1)心 (2)言 (3)日 (4)宀

4 (1)①亡 ②棒 (2)①陛 ②閉

やってみましょう 17

69ページ

1 (1)まく (2)まい (3)あず (4)めいやく

2 (1)優位 (2)幼 (3)模 (4)幼少

3 (1)密・訳 (2)幕・預

4 (1)①模 ②墓 (2)①郵 ②優

やってみましょう 18

73ページ

1 (1)ろんぶん (2)ろうほう (3)うら (4)たまご

2 (1)一律 (2)翌週 (3)臨機 (4)回覧板

3 (1)①欲 ②翌 (2)①覧 ②乱

4 律・臨・乱・欲

六年生のまとめ 1

74ページ

①胃腸薬 ②我 ③株 ④灰
⑤宇宙 ⑥下巻 ⑦拡大 ⑧皇后
⑨地域 ⑩干潮 ⑪看板 ⑫簡潔
⑬遺骨 ⑭指揮棒 ⑮郷土 ⑯沿革
⑰映る ⑱危ない ⑲延びる
⑳割れる

六年生のまとめ 2

75ページ

①背筋 ②胸中 ③寸劇 ④不孝
⑤絹糸 ⑥系列 ⑦呼吸 ⑧貴族
⑨誤解 ⑩憲法 ⑪厳密 ⑫尊敬
⑬源泉 ⑭激戦 ⑮著作権 ⑯警視庁
⑰裁く ⑱疑う ⑲供える ⑳勤める

六年生のまとめ 3

76ページ

①一冊 ②熟 ③口座 ④砂糖
⑤自己 ⑥歌詞 ⑦私欲 ⑧紅葉
⑨雑穀 ⑩姿勢 ⑪至急 ⑫策略
⑬困難 ⑭養蚕 ⑮鋼鉄 ⑯雑誌
⑰染まる ⑱降ろす ⑲刻む
⑳済ます

六年生のまとめ 4

77ページ

①署長 ②就任 ③若葉 ④諸問題
⑤乱暴 ⑥観衆 ⑦宗派 ⑧収納
⑨縮尺 ⑩軽傷 ⑪純情 ⑫果樹園
⑬磁針 ⑭将軍 ⑮伝承 ⑯専門
⑰忘れる ⑱垂らす ⑲除く ⑳洗う

六年生のまとめ 5

78ページ

①宣言 ②目盛 ③推測 ④内閣
⑤障害 ⑥創作 ⑦合奏 ⑧車窓
⑨忠誠 ⑩仁愛 ⑪高層 ⑫秘蔵
⑬恩 ⑭蒸気 ⑮装備 ⑯肺臓
⑰頂く ⑱暖める ⑲届く ⑳捨てる

六年生のまとめ 6

79ページ

①乳牛 ②俳優 ③誕生 ④値段
⑤宝探 ⑥討論 ⑦善処 ⑧展覧会
⑨政党 ⑩住宅 ⑪腹痛 ⑫通訳
⑬存亡 ⑭運賃 ⑮大脳 ⑯分担
⑰奮う ⑱退く ⑲並べる ⑳拝む

六年生のまとめ 7

80ページ

①片手 ②卵 ③翌晩 ④安否
⑤操縦 ⑥一枚 ⑦加盟 ⑧裏庭
⑨模写 ⑩郵便 ⑪規律 ⑫臨海
⑬批評 ⑭陛下 ⑮閉幕 ⑯朗報
⑰訪ねる ⑱補う ⑲暮らす ⑳幼い

3 2 1 0 9 8 7 6 5 4 ＊＊ D C B A